电解铝企业岗位作业安全风险辨识及防控手册

物流仓储

中国铝业股份有限公司　编

北京交通大学出版社

·北京·

内容简介

为强化岗位作业的安全风险管控，达到安全管理重心下移、变事后被动应对为事前主动预防的目的，中国铝业股份有限公司安全环保健康部组织专业技术人员及基层一线班组长编写了本手册。

本手册对电解铝企业岗位作业中存在的风险，系统性地进行了全面分析查找，并有针对性地制定了防控措施，用于指导电解铝企业班组岗位作业安全风险的防控。本手册的主要内容来源于电解铝企业岗位生产实际，涵盖了电解铝生产及检维修的全流程，分为电解铝、合金熔铸、阳极组装、阳极炭素、物流仓储五个分册，具有较强的针对性、实用性和可操作性。

图书在版编目（CIP）数据

电解铝企业岗位作业安全风险辨识及防控手册. 物流仓储 / 中国铝业股份有限公司编 .— 北京 ：北京交通大学出版社，2022. 4

ISBN 978 - 7 - 5121 - 4678 - 5

Ⅰ. ①电… Ⅱ. ①中… Ⅲ. ①炼铝-电解冶金-物流-仓库管理-安全管理-风险管理-中国-手册 Ⅳ. ①F426. 32-62

中国版本图书馆 CIP 数据核字（2022）第 006844 号

电解铝企业岗位作业安全风险辨识及防控手册 · 物流仓储

DIANJIELÜ QIYE GANGWEI ZUOYE ANQUAN FENGXIAN BIANSHI JI FANGKONG SHOUCE · WULIU CANGCHU

责任编辑：张利军

出版发行：北京交通大学出版社　电话：010-51686414　http：//www. bjtup. com. cn

地　址：北京市海淀区高梁桥斜街 44 号　邮编：100044

印 刷 者：北京鑫海金澳胶印有限公司

经　销：全国新华书店

开　本：260 mm×185 mm　印张：8. 75　字数：220 千字

版 印 次：2022 年 4 月第 1 版　2022 年 4 月第 1 次印刷

定　价：39. 00 元

本书如有质量问题，请向北京交通大学出版社质监组反映。对您的意见和批评，我们表示欢迎和感谢。

投诉电话：010 - 51686043，51686008；传真：010 - 62225406；E-mail：press@ bjtu.edu.cn。

《电解铝企业岗位作业安全风险辨识及防控手册·物流仓储》编委会

主　　任　蒋　涛

评　　审　罗存存　苏其军　高宝堂　闫晓军　李　东　杨海滨　周正勇　王跃全

编写人员　赵　波　侯　健　刘　超　谢跃坤　陈文生　张兆文　李瑞强

　　　　　李晓宇　刘昌辉　宋书洋　杨　涛　唐志钢　姜　林　李　鹏

前　言

岗位作业安全风险辨识是班组安全管理的重要环节，是安全管理重心下移、关口前移、变事后被动应对为事前主动预防的有效方式。岗位作业安全风险辨识就是对各生产岗位、各作业环节存在的风险进行全方位辨识，对可能存在的危险有害因素进行分析评估，并有针对性地制定风险防控措施，最终形成岗位作业“辨识和评估风险—降低和控制风险—预防和消除事故”的安全管理模式。同时借助信息化的管理手段，建立岗位作业安全风险辨识数据库，使各类岗位作业始终处于动态受控的状态。

为进一步推进和完善岗位作业安全风险辨识工作，中国铝业股份有限公司安全环保健康部组织部分电解铝企业安全、生产、设备方面的专业技术人员及基层一线班组长，从运行操作、检修维护、故障排除、点检巡视等方面开展了作业风险辨识工作，按照岗位作业基本流程，根据作业步骤进行了风险辨识，找出了每一项作业潜在的风险及风险等级，并制定了具体的防控措施。

本手册的内容来源于生产实际，涵盖了电解铝及其相关生产和检维修的全流程，分为电解铝、合金熔铸、阳极组装、阳极炭素、物流仓储五个分册，具有较强的针对性、实用性和可操作性，可用于指导现场岗位作业风险辨识、工作票编制（CARC 表）、安全交底、安全确认等工作。希望本手册能对电解铝企业的班组安全管理提供帮助，为岗位作业提供有力的安全保障。

感谢包头铝业有限公司、内蒙古华云新材料有限公司、中铝物流集团有限公司对本手册编写工作的大力支持和配合。

由于编者水平有限，书中难免有疏漏或不足之处，敬请广大读者不吝指正。

编写组

2021 年 8 月 28 日

目　录

物流仓储工艺及流程比较简单，一般为物料运输、到厂卸车、质量检验、整理入库、仓储保管、出库发运等环节，为生产企业提供厂内物料转运和仓储发运服务。在物料转运环节多采用铁路和道路两种运输方式将物料运送到指定位置，在仓储发运环节按照物料功能性质不同分别负责物料流通和成品发运。

1 物流仓储工艺及流程概述

电解铝企业的物流仓储业务主要是大宗物料进厂运输及装卸、成品发运、内部物流转运服务等。电解铝生产所需的大宗物料如氧化铝、阳极炭块等通过铁路或公路运输到企业，卸车后由输送皮带、工艺车辆等运送到生产现场，生产的成品经包装、仓储后发运到下游企业。物流仓储工艺流程如图 1.1 所示。

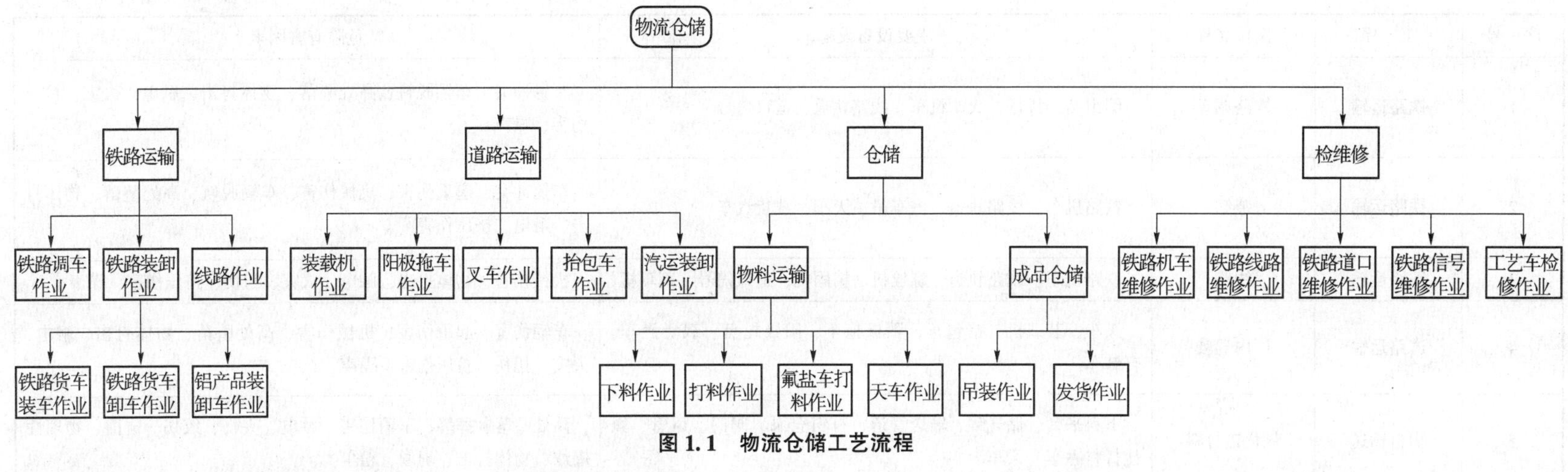

图 1.1　物流仓储工艺流程

2 物流仓储作业过程中的主要危险有害因素

电解铝企业物流仓储的主要生产工序有铁路运输、道路运输、仓储（物料输送、仓储发运）和检维修。铁路运输主要由机车牵引列车完成，满载时单节列车车厢重量可达近百吨。道路运输主要由载货汽车及厂内工艺车辆协作完成，参与设备种类多，作业环境复杂。仓储由物料输送和仓储发运两部分组成，物料输送作业是为电解铝生产提供氧化铝、冰晶石、阳极炭块等物料；仓储发运作业一般场所固定、流程固定，但参与工种较多，存在交叉作业。检维修作业是对铁路机车和厂内车辆进行维护和检修。

物流运输与车辆检修中使用的设备设施涉及铁路机车、轨道线路、道口信号、物料储仓、压力储罐、起重天车、叉车、装载机、抬包车、阳极拖车、平板货车、自卸车、输送皮带等，同时涉及高处作业、起重作业、有限空间作业、厂内机动车辆驾驶、装卸作业、堆垛作业、电工作业、焊接与热切割作业等。

可能存在的主要危险因素有车辆冲突、列车脱轨、车辆伤害、物体打击、机械伤害、触电、火灾、容器爆炸、高处坠落、起重伤害、坍塌等，存在的主要有害因素有粉尘、噪声、高温等。

物流仓储作业过程中的主要危险有害因素见表2.1。

表2.1 物流仓储作业主要危险有害因素一览表

序号	工序	岗位名称	主要设备设施	危险有害因素
1	铁路运输	铁路调车	编组站、货场、火车机车、线路轨道、道口信号	车辆冲突、车辆脱轨、高处坠落、物体打击、触电、火灾、挤压伤害、噪声
2	铁路运输	装卸	铁路机车、线路轨道、汽车吊、天车、载货汽车	车辆冲突、起重伤害、机械伤害、车辆脱轨、高处坠落、物体打击、触电、挤压伤害
3	铁路运输	线路	铁路机车、线路轨道、螺栓机、捣固机、道口信号、割草机	机械伤害、物体打击、触电、火灾、扭伤、挤压伤害、噪声
4	道路运输	厂内驾驶	叉车、装载机、抬包车、阳极拖车、阳极托盘、载货汽车、自卸车	车辆伤害、起重伤害、机械伤害、高处坠落、物体打击、触电、火灾、扭伤、挤压伤害、噪声
5	物料输送	氧化铝打料	下料平台、储气罐、输送管道、打料仓泵、阀门、风管、氟盐打料罐车、天车	高处坠落、摔绊、车辆伤害、触电、夹伤、绞伤、碰撞、物理性爆炸、物体打击、坍塌、粉尘
6	成品仓储	成品仓储	打捆机、叉车、天车、输送皮带	车辆伤害、机械伤害、绞伤、夹伤、高处坠落、物体打击、碰撞、坍塌、噪声
7	检维修	车辆修理	电焊、气焊、车床、空压机、钻床、砂轮机、切割机、充电机、电动葫芦、手动葫芦	车辆伤害、高处坠落、机械伤害、摔绊、触电、碰撞、打击、坍塌、噪声、粉尘、高温

3 班组岗位作业安全风险辨识及防控措施

物流仓储班组岗位作业安全风险辨识分为铁路运输、道路运输、仓储发运和检维修四大类，其主要的作业活动有19项，岗位作业存在910项风险，其中一级风险0项、二级风险8项、三级风险217项、四级风险685项。

3.1 铁路运输

铁路运输的主要作业有：调车作业、道口作业、线路作业、装卸作业，经辨识，其岗位作业存在194项风险，其中辨识出一级风险0项、二级风险5项、三级风险50项、四级风险139项。

3.1.1 调车作业

调车作业的主要作业活动/工作流程：

①作业前准备；②调度命令；③作业计划；④调车（连挂；取送车；对货位；机车运行）；⑤工作交接。

铁路调车作业安全风险辨识及防控措施见表3.1。

表3.1 铁路调车作业安全风险辨识及防控措施一览表

序号	作业活动/工作流程	主要操作步骤	存在的风险	风险等级分析					主要防控措施	备注
				后果	暴露	可能性	风险值	风险等级		
1	作业前准备	作业前检查劳动保护用品和人员状态	1. 作业人员班前喝酒、睡眠不足、精神状态不佳	50	1	1	50	四级	作业前，作业负责人检查作业人员是否酒后上岗，询问是否存在身体不适情况，观察精神状态良好后，方可作业	
2			2. 未正确穿戴劳动保护用品	50	1	1	50	四级	作业前，工作服做到“三紧”，劳保鞋系好鞋带、安全帽系好下颏带、佩戴好劳保手套	
3		作业前风险评价	1. 未开展风险辨识	25	2	1	50	四级	每次作业前要进行风险辨识	
4			2. 未结合现场实际进行风险辨识	50	1	1	50	四级	风险辨识要结合现场的实际情况，根据工作环境的变化完善辨识内容	
5			3. 风险辨识有遗漏	50	1	1	50	四级	按照作业步骤逐项进行风险辨识	

续表

序号	作业活动/工作流程	主要操作步骤	存在的风险	风险等级分析					主要防控措施	备注
				后果	暴露	可能性	风险值	风险等级		
6	作业前准备	作业前风险评价	4. 未明确作业负责人及互联互保人员	25	2	1	50	四级	指定作业负责人，明确互联互保人员	
7			5. 作业人员不掌握作业时的风险，不清楚风险防控措施	50	1	1	50	四级	（1）对照口袋卡逐项进行手指口述安全确认 （2）抽查作业人员掌握存在的风险和防控措施情况	
8	调度命令	发布作业计划	1. 错发调度命令	100	1	3	300	二级	（1）调度命令发布前，应详细了解现场情况，听取有关人员的汇报，命令内容、受令处所应正确、完整、清晰 （2）使用计算机、传真机、调度命令无线传送系统发布调度命令时，严格遵守“一拟写、二审核（按规定需监控人审核的）、三签发（按规定需领导签发的）、四发布、五确认签收”的发布程序，接受人员确认无误后应及时反馈回执 （3）使用电话发布调度命令时，必须严格遵守“一拟写、二审核、三签发、四发布、五复诵核对、六下达命令号码和时间”的发布程序，并填记《调度命令登记簿》，指定受令人员中一人复诵，并记明发收人员姓名及时间 （4）已发布的调度命令遇有错、漏或变化时，尚未开始执行的，应取消前发命令，重新发布调度命令；已开始执行的，应立即停止执行错误或变化内容，并及时发布调度命令进行修正 （5）调度命令书写不正确时，应重新书写 （6）发布有关线路、道岔限速的调度命令，必须注明具体地点、起止里程及限速值 （7）发布救援调度命令，必须注明被救援列车或车列的救援端里程 （8）使用常用行车调度命令模板、常用运行调度命令模板拟写调度命令时，可根据需要对命令模板内容进行增加或删减。	
9			2. 漏发调度命令	100	1	3	300	二级	同上	

续表

序号	作业活动/工作流程	主要操作步骤	存在的风险	风险等级分析					主要防控措施	备注
				后果	暴露	可能性	风险值	风险等级		
10	调度命令	货物到达交接	1. 不按规定进行现场车辆交接	50	1	1	50	四级	（1）车辆到达后必须与驻厂货运员进行现场货物交接，组织接轨站列车交接任务、及时协调处理与铁路接轨站间出现的问题 （2）及时掌握各车站（货场）的装卸车情况	
11		核对检查	1. 出现卸空不空空排重出的铁路行车调度重大失误	50	1	3	150	三级	按照铁路的路企交接规定进行排车作业检查	
12	作业计划	接车	1. 未办理车辆闭塞	50	1	1	50	四级	（1）在车站值班员指挥下，负责操纵信号按钮、办理闭塞、准备进路、开闭信号，通过控显终端检查线路、道岔、区段（区间）占用情况和有关联系等工作 （2）严格执行车站值班员下达的各种行车命令，发现异常情况，及时向车站值班员汇报 （3）接发列车时，按规定程序办理，并使用规定用语	
13		分解	1. 呼唤应答不清	25	1	3	75	三级	（1）严格执行呼唤应答制度 （2）呼唤应答不明的情况下，必须停止作业	
14			2. 未下作业计划或作业计划不清	15	1	3	45	四级	（1）没有计划或计划不清，不准作业 （2）接受调车作业计划时，必须正确复诵 （3）严格按照调车作业计划（涉及、影响正线到发线时，应得到车站值班员的允许），正确及时地准备进路 （4）在每一钩调车作业计划完成后，在调车作业通知单上“划钩抹消”	

续表

序号	作业活动/工作流程	主要操作步骤	存在的风险	风险等级分析					主要防控措施	备注
				后果	暴露	可能性	风险值	风险等级		
15	作业计划	分解	3. 信号开放不正确	50	1	3	150	三级	(1) 认真执行“一看、二扳（按）、三确认、四显示（呼唤）”制度；对进路上不该扳动的道岔，也应认真进行确认 (2) 进站、接车进路信号机不能使用时，应根据车站值班员的指示开放引导信号；开放引导信号前必须确认列车进路正确，列车头部越过引导信号，即可关闭信号 (3) 应严格按规定时机开闭信号机。如取消发车进路时，应先通知发车人员；如已开放信号或发车人员已通知司机发车，而列车尚未起动时，还应通知司机，收回行车凭证后，再取消发车进路 (4) 接发及编组超长列车时，列车尾部未进入到发车线警冲标内或压轨道绝缘时，邻线禁止办理经由该道岔的接发列车和调车作业 (5) 遇调车进路不能排列或调车信号机灭灯时，单操道岔准备进路，通过接通光带或道岔表示灯确认进路正确，并用道岔按钮锁闭道岔后，方可通知调车指挥人，调车指挥人通知司机，发出动车指令或显示启动信号，司机凭调车指挥人的口头通知和动车指令（启动信号）动车 (6) 调车信号开放后，不准擅自取消，如取消调车进路时，应通知调车司机和调车有关人员，在得到调车指挥人复诵无误并停轮的报告后，方可取消调车进路	
16			4. 随意变更进路	50	1	3	150	三级	同上	

续表

序号	作业活动/工作流程	主要操作步骤	存在的风险	风险等级分析					主要防控措施	备注
				后果	暴露	可能性	风险值	风险等级		
17	调车	连挂	1. 无证上岗作业	25	1	3	75	三级	（1）经专业培训机构培训并取得特种作业人员资格证后方可上岗作业 （2）随身携带特种作业资格证 （3）定期培训、复审、检查	
18			2. 未认真检查设备	25	1	3	75	三级	（1）接班人员必须面对面进行交接 （2）根据“调车组交接班簿”交接清楚场内股道停留车辆位置 （3）根据“防溜器具使用登记簿”核对现场及铁鞋柜存放数量，二者要一致 （4）对作业记录仪、充电器、电池核对检查	
19			3. 未查看作业计划	15	1	1	15	四级	（1）调车员应亲自向司机、连接员递交调车作业计划，传达作业方法及注意事项，并听取复诵 （2）根据重点任务和调车命令进行“天、地、人、车、货”安全预想	
20			4. 调车指令不清	50	1	1	50	四级	挂车前要下达正确的调车命令，指令不清立即停止作业	
21			5. 对讲机失灵	50	1	1	50	四级	（1）作业前调试好对讲机，互相确认完好 （2）随身携带备用电池，联控不畅，立即停止作业	
22			6. 未确认股道信号或确认不清冒出信号	25	1	3	75	三级	（1）严格按实际距离显示信号一度停车 （2）联系信号楼，确认信号准确 （3）视线不清或信号灯不亮时，确认道岔开合方向	

续表

序号	作业活动/工作流程	主要操作步骤	存在的风险	风险等级分析					主要防控措施	备注
				后果	暴露	可能性	风险值	风险等级		
23	调车	连挂	7. 未调整钩头而挂不上车	50	1	1	50	四级	（1）在挂车前一度停车确认钩头位置 （2）弯道连接时调整好钩头位置	
24			8. 连挂钩销未落拉断风管	50	3	1	150	三级	（1）确认连挂钩销落下插好防跳销 （2）确认风管连接良好 （3）严格遵守“一关二摘三提钩”作业标准	
25			9. 未执行“十、五、三车”制度	50	1	1	50	四级	（1）连挂作业时严格执行一度停车制度 （2）严格按照目测车距报告车速 （3）严格执行呼唤应答制度，机车司机进行复述	
26			10. 手闸未松造成轮毂踏面擦伤	50	1	1	50	四级	在作业前确保手闸完全松开	
27			11. 未连接风管	100	1	3	300	二级	严格遵守“一关二摘三提钩”作业标准，确认风管连接良好	
28			12. 折角塞门开放不到位	100	2	1	200	二级	（1）确认折角塞门开放到位 （2）开放完毕后方可连接，确认车辆通风正常	
29			13. 呼唤应答不畅	50	1	1	50	四级	联络不畅立即停车	
30			14. 带风作业造成人员伤害	50	1	1	50	四级	（1）严格遵守“一关二摘三提钩”作业标准 （2）采用规定的方式摘取风管	
31			15. 未观察铁路线内情况	100	1	0.5	50	四级	（1）动车前必须对铁路安全线进行检查确认安全 （2）随时观察铁路线内情况	
32			16. 交叉作业视线不清观察不到位	50	1	1	50	四级	（1）动车前必须对作业区情况进行隐患排查，确保安全后方可动车作业 （2）顺线路行走应在两股道中间行走，注意车辆和货物的装载情况，严禁在道心轨枕上行走	

续表

序号	作业活动/工作流程	主要操作步骤	存在的风险	风险等级分析					主要防控措施	备注
				后果	暴露	可能性	风险值	风险等级		
33	调车	连挂	17. 未采取防溜措施	100	1	1	100	三级	对停留车辆采取防溜措施	
34			18. 未跟车保护	25	1	1	25	四级	在车列推进牵引过程中未跟车作业立即停车	
35			19. 未按规定上下机车	25	1	0.5	12.5	四级	（1）上下车必须踩稳脚蹬，抓牢扶梯 （2）必须面对车辆上下车，不得背向车辆上下车 （3）上下车必须做到停车上下 （4）下车时选好地点，注意地面障碍物	
36			20. 未按规定行走穿越	25	1	1	25	四级	（1）顺线路在两线路中间行走，严禁在道心轨枕上行走，注意邻线的机车、车辆、货物装载状况 （2）不准脚踏钢轨面、道心连接杆、岔轨 （3）不得两人并肩行走 （4）横越线路时要“一站”“二看”“三确认”“四通过” （5）穿越有车线路，先确认机车是否移动，在较远距离安全通过 （6）严禁在车下穿越铁路，严禁在轨道处坐卧	
37		取送车	1. 未检查线路停留车辆，未确认货物装载情况	25	1	1	25	四级	检查线路及停留车，确认货物装载无异状，车门关闭，装卸停止，防护信号及装卸机具已撤除，车下无障碍	
38			2. 调车员未显示连接信号就挂车	50	1	1	50	四级	调车员得到货运人员的同意后，显示连接信号，指示司机挂车	
39			3. 挂车后未撤除防溜措施	100	1	1	100	三级	挂妥后撤除防溜措施	

续表

序号	作业活动/工作流程	主要操作步骤	存在的风险	风险等级分析					主要防控措施	备注
				后果	暴露	可能性	风险值	风险等级		
40	调车	取送车	4. 对停留车辆未采取防溜措施	100	1	1	100	三级	车列进入指定的股道停妥后，按照动、静态防溜要求采取车辆防溜措施	
41			5. 未进行要道还道制度	50	1	1	50	四级	（1）严格遵守要道还道制度 （2）确认道岔信号灯显示白灯方可推进	
42			6. 推进运行经过有人地段时未指示司机鸣笛	50	1	1	50	四级	（1）通过有人地段指示司机鸣笛警示 （2）指示司机控制车速	
43		对货位	1. 未跟车作业	50	1	1	50	四级	连车时减速慢行，跟车，道头留出安全距离	
44			2. 未按货位对车	25	1	1	25	四级	严格按照信号员现场指令准确对位	
45			3. 未对停放车辆采取防溜	100	1	1	100	三级	车辆在对位停留后，必须做好手闸防溜措施	
46			4. 未对拉出车辆底部、车门进行检查	50	1	1	50	四级	（1）在卸车后，对车辆底部轨道进行检查，确认无异物、无掉轨、防脱拉环无变形方可动车 （2）对车辆四周车门进行检查，确认关闭	
47			5. 对位未拉至指定位置	25	1	1	25	四级	对停留车辆拉至指定位置	
48			6. 对位停留车未打开大钩	50	1	1	50	四级	（1）停留车辆拉至指定位置 （2）停留车辆尾部大钩处于开合状态	
49		机车运行	1. 无证人员上岗	50	1	3	150	三级	（1）机车司机取得特种作业人员资格证并按要求复审 （2）机车司机必须持证上岗，携带国家铁路局颁发的机车车辆驾驶证	
50			2. 未认真查阅交班记录	25	1	1	25	四级	（1）认真查看当班运行交班记录 （2）对交接的车辆状况进行了解，确认前一班机车运行的记录情况	

续表

序号	作业活动/工作流程	主要操作步骤	存在的风险	风险等级分析					主要防控措施	备注
				后果	暴露	可能性	风险值	风险等级		
51	调车	机车运行	3. 未对机车进行交接检查	50	1	3	150	三级	（1）接车时，认真了解机车运用、检修情况，办理燃料和工器具、备品交接。接车后，确认列车运行监控装置（以下简称“LKJ”）、机车信号、通信设备等行车安全装备符合规定 （2）检查冷却水在规定格线上 （3）检查柴油在交接数量 （4）检查机油在规定刻线上 （5）检查调速器无卡滞，在格线内 （6）检查沙箱装满无堵塞 （7）检查仪表显示正常 （8）检查闸瓦间隙，间隙在 6~8 mm 之间且无裂纹，薄厚在规定范围，符合制动标准	
52			4. 未填写点检记录	25	1	1	25	四级	（1）认真填写机车点检记录 （2）交接记录写明机车检查状况	
53			5. 未按规定上下车	25	1	0.5	12.5	四级	（1）检查机车脚蹬、走板、扶手是否牢固，发现异常应及时处理，防止滑倒摔伤 （2）上下机车脚踩实手抓牢，身体要面向扶梯上下，雨雪天气抓牢防护设施 （3）在机车走板上作业时必须站稳抓牢	
54			6. 未按规定撤除防溜措施	100	1	1	100	三级	（1）正、副司机确认机车制动良好，相互确认，撤除防溜措施 （2）机车启动后制动缸风压符合行车要求，制动机制动良好	

续表

序号	作业活动/工作流程	主要操作步骤	存在的风险	风险等级分析					主要防控措施	备注
				后果	暴露	可能性	风险值	风险等级		
55	调车	机车运行	7. 未按规定起车	50	1	1	50	四级	（1）机车符合起车要求 （2）打滑油 3 min 起车 （3）机车停放 24 h，再次起车，必须对机车进行甩车 （4）机车温度低于 20°必须对机车预热	
56			8. 未按规定检查电器	25	1	1	25	四级	（1）机车进行电器动作实验 （2）各部件弹簧无折损，接线无松动，灭弧角、灭弧罩、防尘罩完整 （3）继电器连锁开关完好	
57			9. 未按规定确认风压值	50	1	3	150	三级	（1）列车充满风后，根据检车员的要求进行试验 （2）机车总风缸、列车管、制动缸、均衡风缸符合压力值 （3）机车无漏风、掉风	
58			10. 未按规定动车	50	1	1	50	四级	（1）严格执行调车命令 （2）动车前检查单阀制动良好 （3）对讲设备调试正常畅通 （4）接到信号命令，确认信号正常方可动车 （5）正、副司机必须同时确认信号 （6）动车前人员到位、鸣笛示警、确认安全后方可动车	

续表

序号	作业活动/工作流程	主要操作步骤	存在的风险	风险等级分析					主要防控措施	备注
				后果	暴露	可能性	风险值	风险等级		
59	调车	机车运行	11. 未按规定行车	100	1	3	300	二级	(1) 确认行车信号，按股道限速规定规范行车 (2) 严格执行“计划不清、信号不明、凭证不正确、人员不齐不动车”，作业中认真执行“干一钩、唱一钩、划钩抹消”制度 (3) 启动列车前，必须二人及以上确认行车凭证、发车信号显示正确，准确呼唤应答，执行车机联控，鸣笛启动列车，严禁在交锋道岔上进行机车加载 (4) 在道口、桥梁、隧道、村庄遇到行车安全威胁时，必须减速鸣笛示警 (5) 进入停车线停车时，准确掌握制动时机、制动距离和减压量，应做到一次停妥；牵引列车时，不应使用单阀制动停车，并遵守相关行规规定 (6) 调车作业中必须执行车机联控制度，彻底瞭望，确认信号，并及时回示；认真执行呼唤应答制度，正确及时地执行信号显示（作业指令）和调车速度的要求，没有信号（指令）不准动车，信号（指令）不清立即停车	
60			12. 未按规定挂车	50	1	1	50	四级	(1) 严格按股道限速规定行车 (2) 严格执行“十、五、三车”制度 (3) 在列车防护信号前必须一度停车	
61			13. 未按规定试闸	50	1	3	150	三级	(1) 列车连接后，必须进行试拉 (2) 机车连挂送车必须进行制动简略试验，机车风压保压 1 min (3) 列车尾部出闸、保压、缓解、无漏风、掉风现象 (4) 站停超过 20 min 时，开车前应进行列车制动机简略试验	

续表

序号	作业活动/工作流程	主要操作步骤	存在的风险	风险等级分析					主要防控措施	备注
				后果	暴露	可能性	风险值	风险等级		
62	调车	机车运行	14. 车载台失灵	100	1	0.5	50	四级	（1）联络不畅，立即停止调车作业 （2）牵引车辆或推进车辆严格执行“要道还道”制度	
63	调车	机车运行	15. 未执行“十、五、三车”制度	50	1	1	50	四级	（1）严格执行“十、五、三车”制度 （2）联络中断立即停止作业 （3）调车作业要准确掌握速度及安全距离	
64	调车	机车运行	16. 未按规定通过道口	25	1	3	75	三级	（1）有人看守道口应确认道口关闭，一度停车安全通过 （2）无人道口鸣笛减速，做到“一停二看三通过”	
65	工作交接		1. 未认真做好交接班工作	25	1	1	25	四级	（1）对于本班安全、运输生产经营任务完成情况，分析存在的问题，进行工作小结 （2）各工种汇报交班内容和待办事项必须清楚、完整，不得遗漏，并认真做好记录 （3）要认真交接调度命令、上级指示、安全事项、作业进度、线路占用、防溜措施、阶段计划、行车凭证、行车设备、工器具备品、施封情况、轨道电路分路不良和岗位卫生等情况	
66	工作交接	调度交接班	1. 未对设备情况进行核验	25	1	1	25	四级	检查通信设备、信号控制台及备品是否齐全且作用良好，核对轨道电路分路不良处所等情况，如实填写《车站交接班记录簿》	
67	工作交接	信号员交接班	2. 未认真做好交接班工作	25	1	1	25	四级	（1）各级管理人员严格监管交接班执行情况，因漏交、错交而被接班人员发现时，由交班者负责 （2）各级管理人员严格监管交接班执行情况，因接班者未认真检查交接班而发生的问题，由接班者负责	

续表

序号	作业活动/工作流程	主要操作步骤	存在的风险	风险等级分析					主要防控措施	备注
				后果	暴露	可能性	风险值	风险等级		
68	工作交接	连接员交接班	1. 交接班记录不清、未进行面对面交接	25	1	1	25	四级	(1) 对于停留股道车辆位置，在交接班记录上写清楚 (2) 根据真实数字填写，写明情况 (3) 交接班必须面对面交接	
69			1. 未对剩余铁鞋及对讲机及时归位	50	2	0.5	50	四级	(1) 核对揭示板站存车、股道停留车位置、重点(特种)货物、限速要求、防溜器状态、防溜措施情况、关门车、铁鞋用存数量及现场注意事项，填写《调车组交接班簿》 (2) 交接对讲设备，做好设备充电工作	
70		机车司机交接班	1. 机车未按规定入库	25	1	1	25	四级	机车停放在指定位置，做好防溜（机车制动、止轮器、手闸）措施	
71			2. 未按规定停机	25	1	1	25	四级	(1) 机车转速回到“0”位，关闭操作开关 (2) 机车温度低于60℃方可停机 (3) 关闭车载台、机控开关，断开总控开关	
72			3. 未按规定做好防溜措施	100	1	1	100	三级	(1) 正、副司机确认，做好手制动，单阀最大减压量制动上闸 (2) 单阀手柄上挂“禁动”牌 (3) 换向开关置于中位 (4) 做好机车防溜措施	
73			4. 未填写交班记录	25	1	1	25	四级	(1) 填写交班记录，写明运行时间、机车状况、记录人员及作业人员 (2) 将运行情况和存在的问题向调度员（机务值班员）报告，运行中发生非正常情况时按规定填写相关记录	

3.1.2 道口作业

道口作业的主要作业活动/工作流程：

①作业前准备；②道口看护；③道口维护；④道口突发事件处理；⑤作业结束；⑥其他。

道口作业安全风险辨识及防控措施见表3.2。

表3.2 道口作业安全风险辨识及防控措施一览表

序号	作业活动/工作流程	主要操作步骤	存在的风险	风险等级辨识					主要防控措施	备注
				后果	暴露	可能性	风险值	风险等级		
1	作业前准备	劳动保护用品确认	1. 劳动保护用品穿戴不规范	50	1	0.5	25	四级	（1）上岗前穿戴好劳动保护用品，工作服做到“三紧” （2）班前会上由班长进行纠偏	
2		上岗要求确认	1. 无证上岗作业	100	0.5	0.5	25	四级	（1）经专业机构培训并取得相应资格证后方可上岗作业 （2）定期培训、复审、检查	
3			2. 未经三级安全教育培训上岗作业	100	1	0.5	50	四级	按要求开展三级安全教育培训，离岗6个月以上人员复岗前必须培训	
4		风险确认	1. 对作业活动风险不清楚	100	0.5	0.5	25	四级	（1）作业前进行风险辨识，制定并落实相应的防控措施 （2）随身携带口袋卡，对照内容进行手指口述安全确认	
5			2. 未参加班前会	50	1	0.5	25	四级	（1）上岗人员必须按时参加班前会 （2）未参加班前会人员由班长单独进行任务布置及安全交底	
6			3. 对作业任务、存在风险、防控措施等不清楚	50	1	0.5	25	四级	班长布置任务时，必须严格对照口袋卡对作业任务中存在的风险进行手指口述，逐项提醒	

续表

序号	作业活动/工作流程	主要操作步骤	存在的风险	风险等级辨识					主要防控措施	备注
				后果	暴露	可能性	风险值	风险等级		
7	道口看护	道口看护作业	1. 脱岗、睡岗、不注意瞭望	50	1	3	150	三级	（1）对作业人员进行安全教育 （2）利用班前会、安全学习日组织学习《安全技术规程》《班组安全管理制度》等 （3）增加物理隔离设施、警示标识牌等	
8			2. 雷电时段使用栏杆	25	1	1	25	四级		
9			3. 违章横越线路	50	1	3	150	三级		
10			4. 巡查听歌曲、玩手机	5	1	1	5	四级		
11	道口维护	道口钢丝绳、栏轮沿槽维护	1. 不注意车辆及脚下障碍物	5	1	3	15	四级	注意避让车辆及脚下障碍物	
12		道口灯片擦拭	1. 擦拭道口灯片无防护	10	1	1	10	四级	擦拭道口灯片时做好个人防护	
13		打扫道口区域卫生	1. 不注意避让车辆	50	1	1	50	四级	观察来往车辆，注意避让	
14	道口突发事件处理	疏导车辆、关闭道口	1. 疏导车辆不及时，上报情况不及时	50	1	1	50	四级	及时疏导车辆并上报情况	
15	作业结束	交接班工器具回收	1. 物品摆放混乱，作业人员有被摔绊的可能	15	1	3	45	四级	整理工件，清扫工地，检查现场，消除隐患，做到“工完料净场地清”方可离开现场	
16			2. 工器具、灯旗缺失损坏	5	0.5	1	2.5	四级	回收工器具时清点工器具，如有遗漏及时寻回，发现工器具有破损及时备案，申报备件	
17			3. 工器具、紧急停车牌随意摆放	5	0.5	1	2.5	四级	工器具放入工具柜，按类别摆放整齐	
18		填写交班记录	1. 记录填写不规范或随意填写	5	1	1	5	四级	检修记录必须清晰明确，禁止随意省略或记录不详	
19	其他	上下班途中	1. 不遵守交通规则	50	2	1	100	三级	遵守交通规则，注意行驶车辆，加强自我防范意识	
20			2. 通过道口未确认	50	2	1	100	三级	通过道口必须执行“一站、二看、三确认、四通过”	

3.1.3 线路作业

线路作业的主要作业活动/工作流程：

①作业前准备；②线路巡视；③线路边坡清理；④作业结束。

线路作业安全风险辨识及防控措施见表3.3。

表3.3 线路作业安全风险辨识及防控措施一览表

序号	作业活动/工作流程	主要操作步骤	存在的风险	风险等级分析					主要防控措施	备注
				后果	暴露	可能性	风险值	风险等级		
1	作业前准备	班前检查	1. 穿不合格的劳保鞋，鞋子变形、弯曲、破损，导致摔倒、扭伤、砸伤	5	3	1	15	四级	（1）作业前按要求佩戴好劳动保护用品 （2）不合格的劳动保护用品不得使用 （3）加强安全教育，提高员工安全防护意识	
2			2. 不穿黄马褂等醒目的、有反光条的工作服上道作业，巡道作业或其他需侵入限界作业时，无法给列车安全提醒	25	3	1	75	三级	（1）作业前按要求佩戴好劳动保护用品 （2）配发黄马褂等有醒目颜色、反光条的工作服 （3）加强安全教育，提高员工安全防护意识	
3			3. 不穿工装或穿着与工作不匹配的工装上岗作业，穿着化纤料等容易聚集静电的服装，会在易燃场所引发火灾	15	3	1	45	四级	（1）作业前按要求佩戴好劳动保护用品 （2）不合格的劳动保护用品不得使用 （3）加强安全教育，提高员工安全防护意识	
4			4. 工作服的袖口、领口和下摆没有扣紧，可能导致绞伤等人身伤害	5	3	1	15	四级	同上	
5			5. 不戴安全帽（或不系帽带，或戴不合格的安全帽），可能会被作业中的飞溅物或坠落物伤害头部	15	3	1	45	四级	同上	

续表

序号	作业活动/工作流程	主要操作步骤	存在的风险	风险等级分析					主要防控措施	备注
				后果	暴露	可能性	风险值	风险等级		
6	作业前准备	班前检查	6. 穿拖鞋、露趾凉鞋和高跟鞋可能导致摔倒和砸伤脚部	15	3	1	45	四级	同上	
7			7. 酒后上岗，导致行为失控、操作失误	15	3	3	135	三级	（1）严禁酒后上岗 （2）结成安全网格化互联互保对子，相互监督提醒 （3）违反十条禁令将受重罚	
8			8. 情绪不佳、失控导致操作失误	15	3	1	45	四级	（1）结成安全网格化互联互保对子，相互监督提醒 （2）有情绪不佳、疲劳上岗等情况的应离岗休息	
9			9. 未办理施工手续，未检查工器具	5	2	1	10	四级	办理施工手续，作业前检查工器具	
10	线路巡视	巡道	1. 行走于道心时未注意车辆动态，在作业和变线时被车辆碰撞	25	6	1	150	三级	（1）遵守上级下发的在铁路线上行走的相关规定 （2）变线前应确认邻线车辆动态 （3）执行“十步一回头”制度 （4）配置鲜艳醒目的服装或标贴，以提醒司机和调车人员的注意	
11			2. 高温天气，气候炎热，线路上空旷无遮挡会导致人员中暑	25	6	1	150	三级	（1）戴遮阳帽 （2）配备解暑药和清凉饮料 （3）室外温度超过40℃时停止室外巡道作业	
12			3. 雷电天气可能造成雷击	15	3	1	45	四级	雷电大雨天气暂停作业	

续表

序号	作业活动/工作流程	主要操作步骤	存在的风险	风险等级分析					主要防控措施	备注
				后果	暴露	可能性	风险值	风险等级		
13	线路巡视	巡道	4. 进入电气化区段携带超长物件、长杆，超长物件、长杆接近接触网可能发生高压电放电伤人	25	1	1	25	四级	严禁携带超长物件、长杆进入电气化区段	
14			5. 不留意机车车辆动态，只顾巡视线路或小辅修，会被运动的车辆撞伤	25	6	1	150	三级	（1）严格执行巡道安全操作规程 （2）变线和横越线路时要“一停、二看、三通过” （3）实行“十步一回头”制度 （4）巡道需由经培训合格有一定工作经验的熟悉作业环境和危害的人员担任 （5）加强安全教育，提高个人安全预警和危险防范能力	
15			6. 横越线路时，没有“一停、二看、三通过”，可能会被运动的车辆撞伤	25	6	1	150	三级	同上	
16			7. 在运行的机车车辆前抢越线路不及时或摔倒而被机车车辆碾压伤害	25	6	1	150	三级	同上	

续表

序号	作业活动/工作流程	主要操作步骤	存在的风险	风险等级分析					主要防控措施	备注
				后果	暴露	可能性	风险值	风险等级		
17	线路巡视	巡道	8. 脚踏道岔尖轨连接杆等道岔运转部件，会在道岔转辙机运动时摔倒，被尖轨夹脚	15	6	1	90	三级	(1) 严格执行巡道安全操作规程 (2) 行走时避开道岔尖轨连接杆等道岔运转部件 (3) 巡道需由经培训合格有一定工作经验的熟悉作业环境和危害的人员担任 (4) 加强安全教育，提高个人安全预警和危险防范能力	
18			9. 下雨时高压电流会随雨丝泄放下来，可能造成触电危险	15	3	1	45	四级	(1) 严格执行巡道安全操作规程 (2) 不在高压电网下行走，在路肩和边坡上行走 (3) 雷电大雨天气暂停作业	
19			10. 雷雨时在电气化区段铁塔下避雨，电气化区段铁搭是雷电泄放通道，此时如有触碰可能遭受雷电电击	15	3	1	45	四级	(1) 严格执行巡道安全操作规程 (2) 严禁雨时在电气化区段铁塔下避雨 (3) 雷电大雨天气暂停作业	
20		巡道小辅修	1. 在作业时未注意车辆动态而被车辆碰撞	25	3	1	75	三级	(1) 作业前通知信号楼 (2) 确认为空闲区段方可作业 (3) 配备对讲机，随时呼唤应答	
21		清理排水沟	1. 排水沟边上的碎石或雨后山体松动会掉落和滑坡	25	3	1	75	三级	(1) 确认安全后方可作业 (2) 佩戴安全帽 (3) 作业时避开雨天 (4) 设置防护员观察提醒 (5) 对忽视安全、违章蛮干者加以处罚	

续表

序号	作业活动/工作流程	主要操作步骤	存在的风险	风险等级分析					主要防控措施	备注
				后果	暴露	可能性	风险值	风险等级		
22	线路边坡清理	使用割草机除草	1. 高速运转的割草机刀片和飞溅物会危害使用者和周边人员	15	3	1	45	四级	（1）保持作业距离 （2）佩戴护目镜和安全帽	
23			2. 有缺陷的刀片会导致设备急剧摆动而无法控制	15	3	1	45	四级	（1）作业前必须检查好工器具 （2）严禁使用发现有缺陷的设备 （3）对有缺陷的设备要及时维修或上报 （4）有缺陷的设备要有明显的标识	
24			3. 不戴护目镜，被飞溅物伤害眼睛	5	3	3	45	四级	（1）作业前按要求佩戴好劳动保护用品 （2）作业时必须使用护目镜 （3）需有人监护	
25		砍树、除草	1. 在 2 m 以上的树上砍树不使用安全带可能会从树上摔下来而导致高空坠落	25	1	1	25	四级	（1）作业前按要求佩戴好劳动保护用品 （2）高处作业时必须佩戴安全带	
26			2. 有蛇或马蜂窝的草丛导致人员毒伤或蜇伤	5	3	1	15	四级	（1）作业前按要求佩戴好劳动保护用品 （2）作业前必须认真观察周围环境 （3）互联互保人员提醒	
27	作业结束	将工器具摆放到指定位置	1. 工器具乱摆乱放，未对工器具进行清点，工器具掉入轨道内，导致火车脱轨	25	1	1	25	四级	（1）严格执行工器具领用管理制度 （2）作业结束后清点工器具	
28		人员确认	1. 在作业过程中人员受伤、昏迷、失联等情况未得到及时救治	25	1	1	25	四级	作业负责人根据实际在作业前、作业中、作业后清点人员，检查人员状态	
29		交接班	1. 未将作业中存在的风险交接清楚，导致接班人员作业时错判形势而造成伤害	50	1	1	50	四级	（1）认真填写交接班记录 （2）交班时面对面交接	

3.1.4 装卸作业

装卸作业的主要作业活动/工作流程：

①作业准备；②卸车；③装车；④铝产品装卸；⑤作业结束。

装卸作业安全风险辨识及防控措施见表3.4。

表3.4 装卸作业安全风险辨识及防控措施一览表

序号	作业活动/工作流程	主要操作步骤	存在的风险	风险等级分析					主要防控措施	备注
				后果	暴露	可能性	风险值	风险等级		
1	作业准备	劳动保护用品确认	1. 劳动保护用品穿戴不符合要求	50	2	0.5	50	四级	作业前由班组长对上岗人员的劳动保护用品穿戴情况进行检查，检查不合格人员严禁上岗	
2		人员状态确认	1. 上岗人员身体、精神状态不佳	25	1	3	75	三级	(1) 班前会时由班长对卸车人员身体、精神状态进行检查 (2) 身体、精神状态不佳人员不得上岗作业	
3		人身防护设施检查	1. 未佩戴反光背心、爆闪灯	50	2	0.5	50	四级	(1) 班组长对上岗人员进行作业前安全告知 (2) 互联互保人员相互检查反光背心及爆闪灯佩戴情况 (3) 佩戴不合格者严禁上岗作业	
4		作业环境确认及其风险辨识	1. 未检查确认装卸机械及吊索具安全性能	15	2	3	90	三级	检查确认装卸机械及吊索具安全性能	
5	卸车	核对车辆信息	1. 核对车辆信息时，未按规定线路行走	50	1	1	50	四级	(1) 对卸车人员开展安全作业告知 (2) 做好作业现场监督检查	
6		防溜确认	1. 车辆防溜检查不到位	25	1	3	75	三级	(1) 对卸车人员进行安全作业告知 (2) 做好作业现场监督检查	
7		车辆状态检查	1. 对车厢体（车厢梯子、大小门捆绑铁丝等部位）检查不仔细	5	2	3	30	四级	卸车前对车厢体（车厢梯子、大小门捆绑铁丝等部位）进行检查并做好相关记录	

续表

序号	作业活动/工作流程	主要操作步骤	存在的风险	风险等级分析					主要防控措施	备注
				后果	暴露	可能性	风险值	风险等级		
8	卸车	核对车辆信息	1. 货位不平整	25	1	1	25	四级	（1）卸车前对货位进行检查和平整清理 （2）定时进行货位巡检，对于不具备存货条件的货位，应及时处理	
9			2. 线路中有洒落物料	5	1	3	15	四级	卸车前对铁路线路进行检查，对洒落物料进行清理	
10		防溜确认	1. 未执行安全交底	100	1	0.5	50	四级	（1）交接班时由班组长进行安全交底 （2）按照“表述→反馈→确认”三向沟通原则进行安全交底	
11			2. 作业人员未进行作业风险辨识	50	2	0.5	50	四级	对作业进行风险辨识	
12		车辆状态检查	1. 拆除扎丝时未使用正确工器具	100	1	0.5	50	四级	（1）作业前，应对使用的工器具进行检查，使用符合安全要求的工器具 （2）拆除扎丝时必须佩戴帆布手套	
13			2. 随意丢弃扎丝	1	2	10	20	四级	拆卸下来的扎丝，集中收集清理，严禁随意丢弃	
14		车辆进入货位	1. 推送车辆进入货位时卸车人员未在安全区域集中等待	50	1	0.5	25	四级	卸车人员在安全区域集中等待	
15		上下车辆	1. 未对车厢梯子状态检查	5	2	3	30	四级	（1）上下车辆前检查车厢梯子的牢固性 （2）对车厢体进行检查 （3）上下车厢梯子时手抓牢、脚踩稳	
16			2. 未检查车厢体是否牢固、是否存在开裂	5	2	3	30	四级		
17			3. 上下车厢体时未抓牢踩稳	5	2	3	30	四级		

续表

序号	作业活动/工作流程	主要操作步骤	存在的风险	风险等级分析					主要防控措施	备注
				后果	暴露	可能性	风险值	风险等级		
18	卸车	开（闭）车门	1. 开（闭）车门前未对使用的绳索进行检查	25	1	1	25	四级	作业前，对工器具进行检查	
19			2. 开小门未使用双钩固定	25	1	1	25	四级	（1）开（闭）车门时，车门下方严禁站人 （2）开（闭）车门时，作业人员检查确认车门状态，确认无误后，站立于安全位置，然后再作业 （3）开（闭）车门时，必须站立站车门一侧，防止货物突然突出	
20			3. 开（闭）大门未对车门的固定进行检查	25	1	1	25	四级		
21			4. 开（闭）大门作业人员站位不当	25	1	3	75	三级		
22			5. 开（关闭）车门未执行“呼唤应答”	50	1	1	50	四级	执行“呼唤应答”，确认无误后方可操作	
23			6. 开（闭）车门未使用梯子	25	1	1	25	四级	站在移动扶梯上进行，不得站立于车帮或箱壁凸出部进行	
24		车门固定	1. 固定车门时杂物飞溅	5	1	10	50	四级	固定车门时必须佩戴护目镜及防护手套	
25		机械卸车	1. 人机同在一辆车内作业	100	1	1	100	三级	严禁人机同在一辆车内同时作业	
26			2. 卸车机械作业时与卸车人员未保持安全距离	50	1	0.5	25	四级	卸车机械作业时与卸车人员必须保持一车以上的安全距离	
27		人工清理	1. 进出车厢未按要求从大门出入	50	1	0.5	25	四级	清理作业人员必须由大门出入	
28			2. 出入大门时未检查是否固定牢固	50	1	0.5	25	四级	出入大门时检查大门，确认牢固后再出入	
29			3. 由小门钻出钻入	50	1	0.5	25	四级	严禁由小门出入	
30			4. 攀爬车厢厢壁、沿厢壁行走	25	1	1	25	四级	攀爬车厢厢壁时必须使用软体上下	

续表

序号	作业活动/工作流程	主要操作步骤	存在的风险	风险等级分析					主要防控措施	备注
				后果	暴露	可能性	风险值	风险等级		
31	卸车	货场行走	1. 未按指定线路行走	50	1	0.5	25	四级	严格按照货场内指定线路行走作业	
32		通过车列	1. 未按要求在车列两端5 m以外通过车列	100	1	0.5	50	四级	通过车列时必须在车列两端5 m外通过	
33			2. 通过车列时未执行“一停、二看、三确认、四通过”手指口述规定	50	1	0.1	5	四级	严格执行“一停、二看、三确认、四通过”手指口述规定	
34		进入车列	1. 由车钩或车厢体下方穿越线路	100	1	1	100	三级	作业前进行安全告知，严禁由车钩或车厢体下方穿越线路	
35			2. 在车厢体下避雨、坐卧休息、乘凉等	50	1	3	150	三级	严禁在车厢体下方避雨、坐卧、乘凉，加强现场检查	
36		防溜确认	1. 对车辆防溜检查不到位	50	1	0.5	25	四级	(1) 对卸车人员进行安全作业告知 (2) 做好作业现场监督检查	
37		车辆状态检查	1. 对车厢体（车厢梯子变形，大小门捆绑铁丝等部位）检查不仔细	5	2	3	30	四级	卸车前对车厢体（车厢梯子，大小门捆绑铁丝等部位）进行检查并做好相关记录	
38		货位检查	1. 货位堆存不规范	25	1	0.5	12.5	四级	按照货物堆存标准进行堆放	
39		安全交底	1. 未执行安全交底	100	1	0.5	50	四级	交接班由班组长进行安全交底	
40			2. 作业人员未进行作业风险辨识	50	2	0.5	50	四级	对作业进行风险辨识	
41		进入货位	1. 对车过程中有人员或物料侵线	50	1	0.5	25	四级	现场安全线内禁止进入，严禁物料侵线	
42		上下车辆	1. 未对车厢梯子状态检查	100	1	0.5	50	四级	上下车辆前检查车厢梯子的牢固性	

续表

序号	作业活动/工作流程	主要操作步骤	存在的风险	风险等级分析					主要防控措施	备注
				后果	暴露	可能性	风险值	风险等级		
43	卸车	上下车辆	2. 未检查车厢体是否牢固、是否存在开裂	100	1	0.5	50	四级	对车厢体进行检查	
44			3. 上下车厢梯子时未抓牢踩稳	5	2	3	30	四级	上下车厢梯子手抓牢、脚踩稳	
45		铺设防护层	1. 在车帮上行走铺设防护层	50	2	1	100	三级	严禁沿车帮作业，必须按照内而外的铺设方式铺设防护层	
46		车门固定	1. 车门加固作业未使用工器具或站位不当	5	2	0.5	5	四级	(1) 加固车门时，应使用工器具，同时防止工器具脱落 (2) 加固车门时，应站立于车门侧方，防止车门突然开启伤人	
47		吊装	1. 吊装作业时未确认信号	100	1	0.5	50	四级	确认吊装信号后方可进行作业	
48			2. 作业人员站位不当	100	1	0.5	50	四级	作业人员严禁站立在被吊运物品下	
49			3. 吊装前未试提	50	1	1	50	四级	挂包作业时，试提检查无误后，作业人员脱离吊装区后，方可起吊	
50			4. 取包作业，站立在不当位置	50	1	0.5	25	四级	取包作业时，待吊带收紧后，作业人员应站到安全位置，再指挥天车工起吊	
51			5. 汽车吊作业回转半径中有人员停留、通过	100	1	1	100	三级	(1) 作业回转半径中严禁停留、通过，指挥 (2) 吊装作业区域必须实施物理隔离，禁止无关人员进入	
52			6. 汽车吊未将支撑撑开或是撑开后未保持车辆平衡	100	1	0.5	50	四级	严禁在作业车辆未展开支撑或是展开支撑未保持车辆平衡的情况下实施作业	
53			7. 吊箱时，在箱体下方或车厢体回转半径中停留、站立	100	1	1	100	三级	严禁在箱体下方或车厢体回转半径中停留、站立	

续表

序号	作业活动/工作流程	主要操作步骤	存在的风险	风险等级分析					主要防控措施	备注
				后果	暴露	可能性	风险值	风险等级		
54	卸车	吊装	8. 作业区域没有物理隔离或是有非作业人员进入	100	1	0.5	50	四级	现场进行物理隔离，确保车辆声光报警装置作用良好	
55			9. 作业人员站在起重臂下方或车辆运行前方	50	1	3	150	三级	严禁作业人员在起重臂或司机视线不良位置站立或停留	
56		二层及以上作业	1. 二层及以上装车作业未使用防坠落装置	100	1	0.5	50	四级	使用防坠落装置	
57			2. 二层及以上吨包、挂包未设置安全绳	50	2	0.5	50	四级	二层及以上吨包、挂包作业时，应将安全绳挂在与其非相连且摆放牢固的吨包上	
58		货场行走	1. 未注意运行中的车辆、设备	50	1	1	50	四级	行走在安全通道上	
59			2. 靠近存在坍塌的料垛	50	1	0.5	25	四级	（1）在远离吨包的安全通道上行走 （2）必须接近堆垛吨包时，应首先确认其摆放是否稳固，确认安全后方可接近	
60		通过车列	1. 未按要求在车列两端5 m以外通过车列	100	1	0.5	50	四级	通过车列时必须在车列两端5 m外通过	
61			2. 通过车列时未执行“一停、二看、三确认、四通过”手指口述规定	50	1	0.1	5	四级	严格执行“一停、二看、三确认、四通过”手指口述规定	
62	装车	进入车列	1. 由车钩或车厢体下方穿越线路	100	1	1	100	三级	作业前进行安全告知，严禁由车钩或车厢体下方穿越线路	
63			2. 在车厢体下避雨、坐卧休息、乘凉等	50	1	3	150	三级	严禁在车厢体下方避雨、坐卧、乘凉，加强现场检查	

续表

序号	作业活动/工作流程	主要操作步骤	存在的风险	风险等级分析					主要防控措施	备注
				后果	暴露	可能性	风险值	风险等级		
64	装车	步台行走	1. 上下步台时未观察台阶状态	5	2	3	30	四级	(1) 现场设置“小心摔倒”警示标识 (2) 在步台行走时，必须做到手扶栏杆，严禁沿边行走	
65	装车	防雨篷布苫盖与紧固	1. 苫盖篷布时未系安全带	50	1	1	50	三级	作业时必须悬挂安全带，安全带高挂低用，挂点牢固	
66	装车	防雨篷布苫盖与紧固	2. 篷布上有人时，拉动篷布	50	1	0.1	5	四级	篷布上有人员时，严禁拉动篷布	
67	装车	防雨篷布苫盖与紧固	3. 倒退苫盖篷布或围网	50	2	1	100	三级	苫盖篷布、围网时，必须采取向前展开的方式打开篷布或围网，严禁退行作业	
68	铝产品装卸	铝锭、合金产品吊装	1. 产品包装破损，钢带脱落(断股)，导致散捆、掉落	100	1	0.5	50	四级	(1) 吊装作业前对产品包装进行检查，及时处置问题产品 (2) 严禁吊装捆扎不牢的问题产品 (3) 起吊前必须试吊，严格按照“十不吊”要求进行作业	
69	铝产品装卸	铝锭、合金产品吊装	2. 采用单股钢绳吊装合金产品，导致货物倾翻、掉落	100	1	1	100	三级	(1) 作业前检查钢绳、吊具 (2) 禁止使用单股钢绳吊装合金产品 (3) 加强作业人员培训教育 (4) 不定期开展专项检查	

续表

序号	作业活动/工作流程	主要操作步骤	存在的风险	风险等级分析					主要防控措施	备注
				后果	暴露	可能性	风险值	风险等级		
70	铝产品装卸	炭块吊装	1. 人员站位不当导致挤压受伤	100	1	1	100	三级	（1）装卸人员挂好钢绳后，指挥天车作业人员缓慢收紧钢绳 （2）装卸人员使用牵引钩调整炭块角度 （3）起吊前必须试吊，严格按照“十不吊”要求进行作业	
71			2. 未按照吊装要求超量吊装，导致起吊过程中炭块掉落	100	1	0.5	50	四级	（1）严格按照吊装要求数量作业 （2）装卸人员必须使用牵引钩作业 （3）严禁吊装的炭块从人员及车头上方经过	
72	作业结束	人机离场	1. 未按指定线路离场，未做到“同出同归”	50	1	0.1	5	四级	（1）按指定线路离场 （2）人机离场前进行人员及设备确认，确保无遗漏人员、设备 （3）检查现场设备设施是否停机/断电	

3.2 道路运输

道路运输的主要任务是为电解铝生产企业提供厂内物料的转运，由载货汽车及工艺车辆协作完成。道路运输的主要作业有：叉车作业、抬包车作业、阳极拖车作业、装载机作业和汽运装卸作业。经辨识，其岗位作业存在352项风险，其中辨识出一级风险0项、二级风险1项、三级风险82项、四级风险269项。

3.2.1 叉车作业

叉车作业的主要作业活动/工作流程：

①准备；②检查；③行驶；④装卸运输；⑤清洁、检查车辆；⑥收车。

叉车作业安全风险辨识及防控措施见表3.5。

表 3.5　叉车作业安全风险辨识及防控措施一览表

序号	作业活动/工作流程	主要操作步骤	存在的风险	风险等级分析					主要防控措施	备注
				后果	暴露	可能性	风险值	风险等级		
1	准备	人员确认	1. 上岗人员应到未到	50	1	0.5	25	四级	(1) 班前会点名确认 (2) 填写原始考勤记录	
2			2. 上岗人员身体、精神状态不佳	25	1	3	75	三级	(1) 班前会时由班长对人员身体、精神状态进行检查 (2) 身体、精神状态不佳人员不得上岗作业	
3		劳动保护用品确认	1. 劳动保护用品穿戴不规范	50	1	0.5	25	四级	(1) 上岗前穿戴好劳动保护用品，工作服做到“三紧” (2) 班前会由班长进行纠偏	
4			2. 个人劳动保护用品过期	50	1	1	50	四级	使用前检查劳动保护用品是否过期	
5		上岗要求确认	1. 无证上岗作业	100	1	1	100	三级	(1) 经专业机构培训并取得相应资格证后方可上岗作业 (2) 随身携带特种作业人员资格证 (3) 定期培训、复审、检查	
6			2. 未经三级安全教育培训上岗作业	100	1	0.5	50	四级	按要求开展三级安全教育培训，离岗6个月以上的人员复岗前必须培训	
7		风险确认	1. 对作业活动风险不清楚	25	1	3	75	三级	(1) 作业前进行风险辨识，制定并落实相应的防控措施 (2) 随身携带口袋卡，对照内容进行手指口述安全确认	

续表

序号	作业活动/工作流程	主要操作步骤	存在的风险	风险等级分析					主要防控措施	备注
				后果	暴露	可能性	风险值	风险等级		
8	准备	风险确认	2. 未参加班前会	100	0.5	0.5	25	四级	(1) 上岗人员必须按时参加班前会 (2) 未参加班前会人员由班长单独进行任务布置及安全交底	
9			3. 对作业任务、存在的风险、防控措施等不清楚	100	0.5	0.5	25	四级	(1) 班长布置任务时，必须严格对照口袋卡对作业任务中存在的风险进行手指口述，逐项提醒 (2) 班员对班长布置的任务及作业风险进行复述，班长确认	
10			4. 未明确作业负责人及互联互保人员	100	0.5	0.5	25	四级	指定作业负责人，明确互联互保人员	
11	检查	环境检查	1. 作业区域路面湿滑	50	1	0.5	25	四级	及时清理地面积水、油污	
12			2. 路面不平整、倾斜、松软	5	1	3	15	四级	检查确认作业环境，选择平整安全的道路	
13			3. 作业区域狭窄	5	2	1	10	四级	(1) 在狭窄作业区域作业时，司机进行安全确认，减速慢行 (2) 配合作业人员要与叉车保持安全距离	
14		设备检查清洁	1. 车辆启动、转向、制动、灯光、喇叭、反光镜、声光报警装置、液压系统、传动系统、操作杆不灵敏或者失效	50	1	3	150	三级	(1) 严格执行车辆“三检”制度 (2) 严禁带病车辆运行	
15			2. 冷却液、传动油、液压油、柴油不足	25	1	1	25	四级	及时加注各类油品，加满冷却液	

续表

序号	作业活动/工作流程	主要操作步骤	存在的风险	风险等级分析					主要防控措施	备注
				后果	暴露	可能性	风险值	风险等级		
16	检查	设备检查、清洁	3. 轮胎气压不足或轮胎鼓包	25	1	3	75	三级	（1）严格执行车辆“三检”制度 （2）及时补充轮胎气压或更换轮胎	
17			4. 车载灭火器失效	100	1	0.5	50	四级	每班检查，发现异常及时更换	
18			5. 用手代替工器具检查	25	1	1	25	四级	检查车辆时严禁用手代替工器具	
19			6. 上下车辆没有站稳抓牢	25	1	1	25	四级	上下车辆站稳抓牢	
20	行驶	进出作业现场	1. 未观察车辆周边环境就起步行车	50	1	1	50	四级	（1）车辆起步前必须进行车辆周边检查，进行安全确认 （2）车辆起步前必须鸣笛、开启转向灯	
21			2. 不按规定路线行驶	50	1	0.5	25	四级	（1）按指定的工艺路线行驶 （2）特殊情况下进入非指定路线时需经审批许可	
22			3. 不按限速规定行驶	50	1	3	150	三级	（1）严格执行区域限速规定 （2）区域外严格执行叉车限速规定	
23			4. 不系安全带	25	1	3	75	三级	驾驶车辆时按要求系好安全带	
24			5. 驾驶车辆时有吸烟、接打电话等影响行车安全的行为	100	1	0.5	50	四级	（1）车辆行驶时严禁做有碍行车安全的行为 （2）接打电话时必须将车辆停靠在安全区域	
25			6. 进出厂房或转弯时未减速、鸣笛、开启转向灯	50	0.5	1	25	四级	进出厂房时减速、鸣笛、开启转向灯	
26			7. 车辆行驶时将身体探出车外	50	0.5	0.5	12.5	四级	车辆行驶时严禁将身体探出车外	

续表

序号	作业活动/工作流程	主要操作步骤	存在的风险	风险等级分析					主要防控措施	备注
				后果	暴露	可能性	风险值	风险等级		
27	行驶	进出作业现场	8. 车辆行驶时急刹车、猛打转向盘、强超抢会、随意变道	100	1	0.5	50	四级	（1）稳驾慢行，严禁猛打转向盘 （2）严禁强超抢会 （3）车辆变道时必须提前开启转向灯，加强观察，确认安全后方可变道	
28			9. 进入湿滑、松软的场地	25	1	1	25	四级	（1）进入湿滑路面时稳驾慢行 （2）严禁进入松软场地	
29			10. 光线不明、视线不清时冒险行车	100	1	3	300	二级	（1）光线不明时需开启照明灯光 （2）光线不明、视线不清时严禁行车	
30			11. 违章载人	25	1	3	75	三级	严禁车辆任何部位载人	
31			12. 下坡时空挡滑行	100	1	0.5	50	四级	任何情况下严禁车辆空挡滑行	
32			13. 遇障碍物或减速带未提前减速	5	2	1	10	四级	叉车司机在作业时进行安全确认，按照道路交通标志时速行驶，遇障碍物减速慢行	
34			14. 车辆发生故障时未采取有效防护措施	50	1	1	50	四级	（1）车辆发生故障时立即靠边停车并做好安全防护 （2）人员离开车辆并站到安全区域 （3）检修人员排除故障时，做好现场监护	
35	装卸运输	进叉、判断	1. 叉运货物时野蛮操作	50	1	1	50	四级	（1）定期对作业人员进行培训 （2）叉运货物轻装轻放，严禁野蛮作业	
36			2. 叉运重心不稳的货物	25	1	1	25	四级	（1）叉运重心不明的货物时必须试叉确定后方可作业 （2）货物重心不在货叉中心时严禁叉运	

续表

序号	作业活动/工作流程	主要操作步骤	存在的风险	风险等级分析					主要防控措施	备注
				后果	暴露	可能性	风险值	风险等级		
37	装卸运输	进叉、判断	3. 叉运捆绑不牢的货物	25	1	1	25	四级	货物捆绑不牢时禁止叉运	
38			4. 超高、超宽、超载作业	50	1	3	150	三级	严禁超高、超宽、超载作业	
39			5. 将车辆交给无关人员驾驶	100	1	1	100	三级	严禁将车辆交给无关人员驾驶	
40		举升、运输	1. 货物遮挡视线	25	1	3	75	三级	货物遮挡视线时倒车行驶	
41			2. 叉运货物时货叉倾斜角度不够，导致货物滑落	50	1	0.5	25	四级	叉运货物时货叉后倾到位	
42			3. 叉车作业时未与周围设备设施、现场人员保持安全距离	50	1	1	50	四级	（1）叉车作业时与周围设备设施及现场人员保持安全距离 （2）安全距离不足时需进行物理隔离，确保作业区域安全	
43			4. 货叉起升过高或过低	50	1	0.5	25	四级	（1）空车行驶时，货叉与地面保持30~40 cm的距离 （2）叉运货物时，货物最低点与地面保持30~40 cm的距离	
44			5. 叉运正在运转设备上的货物	50	1	3	150	三级	严禁叉运运转设备上的货物	
45		倒运物料	1. 物料叉运中急刹车发生物料倾翻	50	1	1	50	四级	注意观察路面安全状况，如遇特殊状况提前减速，避免急刹车	
46			2. 叉运物料未使用托盘，导致物料洒落	25	0.5	1	12.5	四级	大包物料使用托盘进行叉运	

续表

序号	作业活动/工作流程	主要操作步骤	存在的风险	风险等级分析					主要防控措施	备注
				后果	暴露	可能性	风险值	风险等级		
47	装卸运输	倒运物料	3. 叉运超长（高、宽、重）物料	25	1	3	75	三级	严禁叉运超长（高、宽、重）物料	
48			4. 未按信号进出大门	100	1	0.5	50	四级	进出大门时遇红灯等待或绕行，严禁闯红灯	
49			5. 配合人员站位不当	100	1	1	100	三级	升降叉子时确认下方无人员	
50			6. 挂包配合不当	50	0.5	1	25	四级	人员手臂挪开再操作	
51			7. 小托盘未放置平稳	50	0.5	1	25	四级	托盘在指定区域放置平稳后再离开	
52			8. 用单叉举升、运输货物	5	2	1	10	四级	严禁使用单叉举升、运输货物	
53			9. 违规使用叉车牵引其他工艺车辆或货物	5	3	1	15	四级	严禁使用叉车牵引其他工艺车辆或货物	
54		更换歪杆阳极	1. 物料叉运中急刹车	50	0.5	1	25	四级	注意观察路面安全状况，如遇特殊状况提前减速，避免急刹车	
55			2. 进入组装区域时货叉高度提升过高	50	0.5	1	25	四级	进入大门前确认货叉高度适中，防止导杆触顶或阳极触底	
56			3. 未按信号进出大门	100	1	0.5	50	四级	进出大门时遇红灯等待或绕行，严禁闯红灯	
57		倒炭渣	1. 炭渣箱叉运过高遮挡视线	100	1	1	100	三级	炭渣箱不应叉离地面过高，避免遮挡视线	
58			2. 车辆未悬挂危废警示牌	25	0.5	1	12.5	四级	叉运前将危废警示牌悬挂在明显位置，叉运完成后及时取下	
59			3. 上下磅时未对周围车辆及行人进行观察	100	1	0.5	50	四级	调头转弯时进行安全确认，严禁驶入大货车盲区抢道行驶	

续表

序号	作业活动/工作流程	主要操作步骤	存在的风险	风险等级分析					主要防控措施	备注
				后果	暴露	可能性	风险值	风险等级		
60	装卸运输	倒炭渣	4. 炭渣箱重心不稳	50	0.5	1	25	四级	倒炭渣作业时将叉子完全叉入炭渣箱上侧入口处再起升，防止倾倒	
61		倒地沟料	1. 叉运料斗时电葫芦挂钩未提升到限位	50	0.5	1	25	四级	挂钩提升到限位后再进行作业	
62			2. 料斗叉运过高阻挡视线	100	1	1	100	三级	料斗不应过高放置而阻碍视线	
63			3. 倒斗过程中斗子重心不稳	50	0.5	1	25	四级	倒斗作业时放置平稳再进行倾倒，动作缓慢平稳	
64			4. 料斗叉运中急刹车	50	1	1	50	四级	注意观察路面安全状况，如遇特殊状况提前减速，避免急刹车	
65		校歪杆阳极	1. 进入组装区域时货叉高度提升过高	25	0.5	1	12.5	四级	进入大门前确认货叉高度适中，防止导杆触顶或阳极触底	
66			2. 阳极未放平稳倾倒	50	0.5	1	25	四级	确认阳极平稳后再撤叉子	
67			3. 放置阳极后货叉未降到地面	50	0.5	1	25	四级	退到安全区域将货叉平降至地面	
68			4. 未在安全位置停车，阻碍安全通道人员通行	25	0.5	1	12.5	四级	停车位置不得阻碍安全通道，并预留现场人员安全空间	
69			5. 设备卡口未挪开就叉阳极	50	0.5	1	25	四级	确认卡口离杆后再进行叉运	

续表

序号	作业活动/工作流程	主要操作步骤	存在的风险	风险等级分析					主要防控措施	备注
				后果	暴露	可能性	风险值	风险等级		
70	装卸运输	校歪杆阳极	6. 阳极叉运不平稳发生阳极脱叉或倾翻	25	1	3	75	三级	叉下阳极时需缓慢平稳	
71			7. 叉运过程中与现场作业人员产生碰撞	50	0.5	1	25	四级	遇到现场人员作业停车等待，等离开后再进行叉运	
72			8. 作业中注意力不集中	25	1	3	75	三级	作业中禁止做与操作无关的事情	
73			9. 连续作业时间过长，导致人员疲劳、操作失误	100	1	1	100	三级	作业时间不宜过长，司机应做好休息	
74		卸阳极杆	1. 卸阳极区空间狭小，存在视觉盲区	50	1	3	150	三级	在入狭小空间作业时应时刻观察周围情况及人员站位	
75			2. 未使用防倒架导致作业中导杆倾翻砸伤人员或砸坏设备	50	0.5	1	25	四级	作业前确认使用防倒架	
76			3. 未与现场人员做安全沟通，因配合不当伤害人员和设备	50	1	1	50	四级	作业前与现场人员做好沟通，明确作业步骤	
77			4. 鲁莽操作伤害上方配合作业人员	25	1	1	25	四级	动叉需缓慢平稳，严禁急上急下	
78			5. 叉运车速过快可能发生阳极杆倾翻砸伤人员或砸坏设备	50	1	3	150	三级	叉运阳极杆时匀速起步，严禁超速	

续表

序号	作业活动/工作流程	主要操作步骤	存在的风险	风险等级分析					主要防控措施	备注
				后果	暴露	可能性	风险值	风险等级		
79	装卸运输		6. 阳极杆摆放不平稳可能翻倒砸伤清理破碎人员	50	0.5	1	25	四级	确认阳极杆摆放平稳后再离开	
80		装阳极	1. 阳极盘摆放不齐可能发生车辆剐碰	25	0.5	1	12.5	四级	在指定地点按要求摆放整齐后再离开	
81			2. 货叉间距不当戳坏阳极钢爪	25	0.5	1	12.5	四级	入叉前缓速平稳，调整好双叉间距	
82			3. 放置阳极时未放稳阳极就撤叉会导致阳极倾倒，可能砸伤人员或砸坏设备	25	1	3	75	三级	撤叉前先确定阳极是否摆放平稳，如不稳则需重新摆放	
83			4. 倒车时车速过快可能发生碰撞伤害	50	1	1	50	四级	倒车时匀速起步，禁止猛踩油门	
84		上导杆	1. 货叉上升过高导致导杆碰坏上方悬链	50	0.5	0.5	12.5	四级	跟组装人员进行沟通确认后再作业	
85			2. 前进或倒车时与栏杆碰撞擦刮	25	0.5	1	12.5	四级	作业时注意与两侧保持车距	
86			3. 未与现场人员做安全沟通，配合不当	25	1	1	25	四级	作业前与现场人员做好沟通，明确作业步骤	
87			4. 鲁莽操作	25	1	3	75	三级	动叉需缓慢平稳，严禁急上急下升降	
88		倒铁渣	1. 碾压渣场废铁渣	15	0.5	1	7.5	四级	（1）进入渣场前下车查看路面情况 （2）选择安全倾倒路线或提前清理地面	

续表

序号	作业活动/工作流程	主要操作步骤	存在的风险	风险等级分析					主要防控措施	备注
				后果	暴露	可能性	风险值	风险等级		
89	装卸运输	卸导杆盘	1. 导杆盘摆放不整齐	15	0.5	1	7.5	四级	(1) 及时处理摆放不整齐的托盘 (2) 摆放时摆放整齐并保留间距	
90		12 t叉车上残极盘	1. 叉运前周围有人员	50	1	1	50	四级	先确认环境安全且无人员再进行作业	
91			2. 在叉残极过程中加油门过猛	25	1	1	25	四级	叉运过程中严禁猛踩油门，匀速行驶	
92			3. 与现场操作人员配合不当	25	1	1	25	四级	作业前与现场人员做好沟通，明确作业步骤	
93			4. 动叉过猛导致阳极杆倾倒	25	1	3	75	三级	动叉需缓慢平稳，严禁急上急下升降	
94			5. 阳极托盘摆放不齐或堆垛不稳	15	1	1	15	四级	在指定区域整齐摆放阳极托盘，对不稳托盘进行调整	
95		装集装箱铝圆杆	1. 包装袋子断裂，导致圆杆破损，造成人身伤害	50	1	1	50	四级	(1) 装圆杆时先把圆杆从货车上卸下，调整好后再叉运 (2) 叉运时严禁急刹车，打大方向，轻叉轻放	
96		炉台投料	1. 冷料中含有油、水等	100	1	1	100	三级	(1) 投冷料前对冷料进行预热，把水分烤干，冬天预热应加长 (2) 使用辅助工器具推铲，尽量不靠近炉子 (3) 对可能含有油的冷料采取空炉投放 (4) 投冷料时必须开有防护棚叉车 (5) 在作业场所设置安全警示标识	

续表

序号	作业活动/工作流程	主要操作步骤	存在的风险	风险等级分析					主要防控措施	备注
				后果	暴露	可能性	风险值	风险等级		
97	装卸运输	扒渣	1. 扒渣头预热不足便放入炉内	50	1	3	150	三级	（1）扒渣头在炉子上方预热 15~20 min，冬天预热应加长 （2）每次作业前对扒渣头进行检查及必要的维护 （3）在作业场所设置安全警示标识	
98	装卸运输	铝锭、铝合金入库	1. 过磅称重时落叉过猛，导致磅秤损坏	50	1	1	50	四级	（1）加强作业人员技能、意识培训，作业时轻装轻放 （2）过磅现场安设摄像头，不定期进行安全检查	
99	装卸运输	铝锭、铝合金堆码	1. 产品包装破损导致叉运时散捆、掉落	50	1	0.5	25	四级	（1）和上一环节负责人联系沟通，恢复包装 （2）班组长在作业过程中巡视检查 （3）叉运时轻叉轻放，确保叉运货品包装完好	
100	装卸运输	铝锭、铝合金堆码	2. 堆码混包，导致发运时错发、漏发	50	1	0.5	25	四级	（1）堆码前与上一环节作业人员进行产品确认，确保堆码时产品编号、数量相符 （2）堆码过程中复核产品编号，按要求分包堆码 （3）堆码结束后复核产品编号及数量是否相符	
101	装卸运输	装集装箱合金、铝锭	1. 登车桥固定不牢靠，导致叉车跌落	100	1	1	100	三级	（1）货车停靠到位后熄火并拉紧手制动，驾驶员拔出钥匙，下车到安全位置 （2）叉车工对接登车桥，挂好防脱链，放置好掩木 （3）叉车工在上下登车桥时关注防脱链及接口情况	
102	装卸运输	装集装箱合金、铝锭	2. 装箱偏载，导致产品倾翻	100	1	0.5	50	四级	（1）严格按照装载方案装车 （2）加强作业人员技能培训，按要求作业 （3）货车驾驶员做好监装监卸	

续表

序号	作业活动/工作流程	主要操作步骤	存在的风险	风险等级分析					主要防控措施	备注
				后果	暴露	可能性	风险值	风险等级		
103	装卸运输	装卸氢氧化钠	1. 氢氧化钠包装破损	50	1	1	50	四级	(1) 及时处理破损包装及泄漏物 (2) 翻倒氢氧化钠时，轻装轻卸，避免包装口袋破损 (3) 按要求穿戴劳动保护用品，佩戴防护眼镜及橡胶手套 (4) 作业人员必须熟知事故应急处置程序	
104	清洁、检查车辆	清洁车辆	1. 未在指定位置清洁车辆	50	1	1	50	四级	(1) 在指定位置清洁车辆 (2) 及时处理清洁车辆产生的垃圾	
105			2. 上下车辆没有站稳抓牢	25	1	1	25	四级	(1) 上下车辆站稳抓牢 (2) 仔细观察周边情况	
106		检查车辆	1. 收车前未检查车辆情况	25	1	1	25	四级	收车前应环车检视，确定无跑冒滴漏现象	
107	收车	将车辆停放到指定位置	1. 车辆乱停乱放	25	1	1	25	四级	(1) 按指定地点停放车辆 (2) 车辆发生故障时应停放在安全区域并做好安全防护	
108		停车确认	1. 货叉未完全落地	25	1	1	25	四级	停车时必须将货叉平稳落到地面	
109			2. 未关电源、拉手刹、拔钥匙、锁车门	25	2	1	50	四级	车辆停放到指定位置后，关闭电源、拉紧手刹、拔出钥匙、锁好车门	
110			3. 未清洁、紧固、润滑车辆	15	1	1	15	四级	收车后做好车辆清洁工作，紧固松动螺丝，进行润滑保养	
111		交接班	1. 交班时交接不清	50	1	1	50	四级	(1) 认真填写交接班记录 (2) 交班时面对面交接	
			2. 交接班未将车钥匙一起交接或将车钥匙放在叉车上口头交接	5	1	3	15	四级	交接班时要将钥匙和车辆一并交于接班人	

3.2.2 抬包车作业

抬包车作业的主要作业活动/工作流程：

①作业前准备；②出车前检查；③车辆行驶；④抬包装卸；⑤抬包过磅；⑥收车；⑦交接班。

抬包车作业安全风险辨识及防控措施见表3.6。

表3.6 抬包车作业安全风险辨识及防控措施一览表

序号	作业活动/工作流程	主要操作步骤	存在的风险	风险等级分析					主要防控措施	备注
				后果	暴露	可能性	风险值	风险等级		
1	作业前准备	规范穿戴劳动保护用品	1. 没有规范穿戴劳动保护用品	50	1	0.5	25	四级	(1) 配备符合标准的劳动保护用品 (2) 作业前规范穿戴好劳动保护用品 (3) 班长和互联互保人员进行检查纠偏	
2	作业前准备	持证上岗	1. 无证或证照不符人员上岗作业	50	1	3	75	三级	(1) 驾驶员必须取得B2及以上相应准驾证照 (2) 驾驶员必须持证上岗 (3) 驾驶员对所持驾照按期进行复审	
3	作业前准备	参加班前会	1. 作业人员未参加班前会，对作业任务、存在风险、防控措施等不清楚	50	2	0.5	50	四级	(1) 当班人员必须按时参加班前会 (2) 作业人员必须熟知当班作业任务、存在的风险及防控措施等 (3) 未按时参加班前会人员必须由班长单独进行任务布置及安全告知	
4	作业前准备	参加班前会	2. 作业人员身体、精神状态不佳	25	1	3	75	三级	(1) 身体、精神状态不佳的人员要主动上报异常情况 (2) 班前会由班长对当班人员进行身体、精神状态检查 (3) 严禁身体、精神状态不佳人员上岗作业	

续表

序号	作业活动/工作流程	主要操作步骤	存在的风险	风险等级分析					主要防控措施	备注
				后果	暴露	可能性	风险值	风险等级		
5	作业前准备	车辆交接	1. 没有进行车辆交接，对车辆状况不熟悉	50	1	1	50	四级	（1）认真查看交接班记录 （2）对上班生产情况、车辆状况进行充分了解	
6	出车前检查	作业前风险评价	1. 未开展风险辨识	25	1	3	75	三级	每次作业前要进行风险辨识	
7			2. 未结合现场实际进行风险辨识，风险辨识有遗漏	100	0.5	0.5	25	四级	风险辨识要结合现场的实际，根据工作环境的变化完善辨识内容	
8			3. 未明确作业负责人及互联互保人员	100	0.5	0.5	25	四级	指定作业负责人，明确互联互保人员	
9			4. 不掌握作业时的风险	100	0.5	0.5	25	四级	抽查作业人员存在的风险和防控措施	
10			5. 不知道风险的防控措施	50	1	1	50	四级	对照口袋卡作业任务中存在的风险手指口述逐项进行提示提醒	
11		车辆检查	1. 检查车辆时没有做好自身防护	15	2	1	30	四级	（1）正确穿戴和使用劳动保护用品 （2）检查车辆时做好支撑、防溜措施 （3）检查车辆时禁止用手代替工器具 （4）上下车辆时站稳抓牢	

续表

序号	作业活动/工作流程	主要操作步骤	存在的风险	风险等级分析					主要防控措施	备注
				后果	暴露	可能性	风险值	风险等级		
12	出车前检查	车辆检查	2. 没有对抬包车各部件进行详细检查	25	1	3	75	三级	（1）检查柴油、机油、液压油、传动油、冷却液充足 （2）检查各轮胎气压正常、表面无破损鼓包 （3）检查各部件螺丝紧固无缺失 （4）检查安全带、车载灭火器、防烫沙槽、接铝装置、安全警示牌齐全有效 （5）检查启动、转向、制动、传动、气压、灯光、喇叭、雨刮器、声光报警装置、监控设施齐全有效 （6）检查仪表盘数据显示正常 （7）检查出的故障及时上报排除并做好记录，严禁带病车辆运行 （8）检查车辆随车证件齐全有效 （9）认真填写车辆点检记录 （10）热车和充气环节驾驶员不得离开车辆	
13		车辆起步前进行安全确认	1. 没有检查是否有影响车辆起步的障碍物	50	1	1	50	四级	（1）对车辆进行环车检查 （2）及时清理影响车辆起步的障碍物	
14	车辆行驶	车辆起步	1. 车辆周围有影响行车的人员和障碍物	50	1	1	50	四级	（1）观察车辆周围有无人员和障碍物 （2）确认安全后方可鸣号起步	
15		车辆运行	1. 驾驶员驾驶车辆时未系安全带	25	1	3	75	三级	（1）车辆行驶时，驾驶员必须系好安全带 （2）加强抬包车上安全带的巡视检查，发现损坏或失灵及时更换	

续表

序号	作业活动/工作流程	主要操作步骤	存在的风险	风险等级分析					主要防控措施	备注
				后果	暴露	可能性	风险值	风险等级		
16	车辆行驶	车辆运行	2. 行驶时有妨碍行车安全的行为	25	1	3	75	三级	（1）车辆行驶时严禁有影响行车安全的行为（如使用手机、吸烟、饮食、用耳机听音乐等） （2）加强巡视检查和视频抽查	
17			3. 行驶中注意力不集中，出现突发状况时不能正确处置	50	1	1	50	四级	（1）驾驶员驾驶中必须保持注意力高度集中 （2）随时观察路面状况，与周围行人、车辆、设备设施保持安全距离 （3）随时做好停车准备	
18			4. 不按规定的工艺路线行驶	50	1	0.5	25	四级	（1）车辆严格按照规定的工艺路线行驶 （2）做好车辆运行期间的安全巡视检查 （3）利用信息化工具（车载GPS）做好监管	
19			5. 车辆不按限速规定行驶	50	1	1	50	四级	（1）严格按照限速规定行驶，在厂区内和厂区外行驶时不得超过30 km/h，进出厂房、转弯处、在厂房内行驶时不得超过5 km/h；部分路段以限速标志为准 （2）利用信息化工具（车载GPS）做好监管	
20			6. 车辆随意变道、强超抢会	50	1	3	150	三级	（1）严格执行《抬包车驾驶员安全操作规程》的规定 （2）利用信息化工具（车载GPS）做好监管。 （3）严格执行《中华人民共和国道路交通法》，严禁车辆随意变道、强超抢会	

续表

序号	作业活动/工作流程	主要操作步骤	存在的风险	风险等级分析					主要防控措施	备注
				后果	暴露	可能性	风险值	风险等级		
21	车辆行驶	车辆运行	7. 车辆行驶中急刹车、急转弯或突然爆胎，导致铝液外溢或抬包倾翻	50	1	3	150	三级	（1）车辆行驶中严格执行限速规定，避免急刹车、急转弯 （2）车辆行驶中稳驾慢行，注意观察周围情况，与周围行人、车辆、设备设施保持安全距离，随时做好停车准备 （3）出车前做好车辆轮胎的检查	
22			8. 铝液外溢或车辆电路短路引发火灾	100	1	0.5	50	四级	（1）严格执行车辆“三检”制度，及时消除设备潜在隐患 （2）定期组织员工进行消防知识培训和演练 （3）车辆发生火灾时迅速启动应急预案	
23			9. 车辆夜间行驶时未开启大灯、警示灯	25	1	3	75	三级	（1）严格执行车辆“三检”制度，确保车辆灯光齐全有效 （2）夜间行车时必须开启大灯、警示灯	
24			10. 下坡时空挡滑行，导致车辆失控	50	1	3	150	三级	（1）车辆行驶时严禁空挡滑行 （2）做好车辆运行期间的安全巡视检查	
25			11. 忽视安全警示标识	50	1	0.5	25	四级	（1）注意观察作业现场内的安全警示标识 （2）严格按照安全警示标识要求作业	

续表

序号	作业活动/工作流程	主要操作步骤	存在的风险	风险等级分析					主要防控措施	备注
				后果	暴露	可能性	风险值	风险等级		
26	车辆行驶	车辆运行	12. 极端天气、地面湿滑、视线不清时驾驶车辆	50	1	3	150	三级	（1）极端天气、视线不清时车辆应减速慢行，谨慎驾驶，随时做好停车准备 （2）能见度小于5 m时应停止作业，将车辆停放在安全区域，打开车辆双闪，设置警示标识 （3）地面湿滑时车辆应做好防滑准备，减速慢行，随时做好停车准备	
27			13. 通过交叉路口，观察不清	50	1	3	150	三级	（1）通过交叉路口应提前减速、注意观察，随时做好避让准备 （2）确认无影响行车安全的障碍后方可匀速通过	
28			14. 交叉作业现场未进行安全确认	50	1	1	50	四级	（1）进入交叉作业现场应停车观察 （2）确认无影响行车安全的障碍物后方可进入 （3）交叉作业现场必须定期开展风险辨识，制定相应的防控措施	
29			15. 将车辆交给无关人员驾驶	100	0.5	0.5	25	四级	（1）抬包车辆必须面对面交接 （2）严禁将车辆交给无关人员驾驶 （3）做好巡视检查和监管工作	
30			16. 抬包车搭乘无关人员	25	2	1	50	四级	（1）严禁抬包车搭乘无关人员 （2）随车人员必须按要求系安全带并听从驾驶员的安排	

续表

序号	作业活动/工作流程	主要操作步骤	存在的风险	风险等级分析					主要防控措施	备注
				后果	暴露	可能性	风险值	风险等级		
31	车辆行驶	车辆运行	17. 抬包车在厂房内掉头或长距离倒车	25	1	3	75	三级	严禁抬包车在厂房内掉头或长距离倒车；如遇特殊情况时需掉头或长距离倒车，必须由专人指挥，采取相应的防控措施	
32			18. 车辆进出厂房和转弯时未鸣笛、开启转向灯	25	2	3	150	三级	（1）车辆进出厂房时应严格执行限速规定，不得超过5 km/h （2）车辆进入厂房时必须提前鸣笛、开启转向灯，及时提醒作业现场内的行人和车辆 （3）做好巡视检查和监管工作	
33			19. 驾驶员人为遮挡或关闭行车监控系统	50	1	1	50	四级	（1）严禁遮挡或关闭行车监控系统 （2）定期检查行车监控系统，确保系统运行正常	
34			20. 车辆碾压窨井盖和坑洼路面造成车辆行驶不稳或发生倾翻	15	2	1	30	四级	行车时进行安全确认，减速慢行，选择平缓路段行驶	
35		车辆停放	1. 作业中车辆临时停放时妨碍行人及其他车辆通行	5	2	3	30	四级	（1）车辆需临时停放时必须靠边停放在安全可靠的区域 （2）车辆临时停放时不得妨碍其他车辆和行人通行	
36			2. 车辆发生故障无法移动至安全区域	15	2	1	30	四级	（1）车辆发生故障时应在车辆前后方摆放警示标识 （2）车轮前后需用可靠物件（如防溜车三角木）做好防溜措施	

续表

序号	作业活动/工作流程	主要操作步骤	存在的风险	风险等级分析					主要防控措施	备注
				后果	暴露	可能性	风险值	风险等级		
37	抬包装卸	车辆停放	3. 未对周围环境进行风险辨识	5	1	3	15	四级	认真检查确认周围作业环境，进行风险辨识	
38			4. 未认真检查抬包安全卡、包底或包壁发红等情况（预防铝液溢出造成事故）	25	1	3	75	三级	（1）检查确认抬包安全卡打好 （2）禁止拉运包底包壁发红的铝包	
39			5. 抬包车停放于道路、通道上未设置安全警示灯、安全警示标识	5	2	3	30	四级	抬包车辆停放在道路上时，通道上应设置警示灯或警示标识	
40		下车观察	1. 吊放抬包时驾驶员未下车	25	1	3	75	三级	（1）天车吊放抬包时驾驶员必须下车 （2）加强现场巡查 （3）利用信息化工具（视频监控）做好监管	
41			2. 驾驶员下车时没有站稳抓牢	50	1	0.5	25	四级	（1）驾驶员下车时必须抓好扶手，严禁直接跳下车辆 （2）下车前应观察好地面状况，确认地面无影响人员站立的障碍物	
42			3. 驾驶员下车前没有对周围环境进行观察	25	1	1	25	四级	（1）驾驶员下车前应提前观察好车辆前后左右，检查是否有行人和车辆通过 （2）确认抬包车周围无行人和车辆通过时再打开车门下车	

续表

序号	作业活动/工作流程	主要操作步骤	存在的风险	风险等级分析					主要防控措施	备注
				后果	暴露	可能性	风险值	风险等级		
43	抬包装卸	安全站位	4. 驾驶员下车后未关闭车门	25	1	1	25	四级	（1）驾驶员下车后必须关闭车门 （2）做好巡视检查和监管工作	
44	抬包过磅	安全确认	1. 驾驶员安全站位不当	50	1	1	50	四级	（1）驾驶员下车后必须站在安全位置 （2）保持足够安全距离	
45			2. 驾驶员没有进行安全确认	50	1	3	150	三级	（1）抬包重量超过限重时严禁拉运 （2）吊包完成后驾驶员需确认包盖盖紧，两侧抬包安全卡打好，抬包完全放置在包座内，吸铝管对准接铝装置，挂钩脱开，天车离开 （3）确认车辆各部件（尤其轮胎）无异常状况	
46		驶入过磅区域	1. 进入过磅区域没有按限速规定行驶、居中行驶	25	1	0.5	12.5	四级	（1）严格执行限速规定，进入过磅区域速度不得超过 5 km/h （2）进入过磅区域前应减速慢行、居中行驶	
47			2. 车辆进入过磅区域踩急刹车	25	1	3	75	三级	车辆进入过磅区域需提前减速，严禁踩急刹车	
48			3. 吊钩秤未起升到位，车辆进入过磅区域驾驶员未观察挂钩位置	50	0.5	0.5	12.5	四级	（1）车辆进入过磅区域驾驶员应提前观察好挂钩位置 （2）挂钩未起升到位时严禁车辆驶入	

续表

序号	作业活动/工作流程	主要操作步骤	存在的风险	风险等级分析					主要防控措施	备注
				后果	暴露	可能性	风险值	风险等级		
49	抬包过磅	过磅	1. 上下车辆时未站稳抓牢	25	1	1	25	四级	驾驶员上下车时应站稳抓牢，做好自身防护	
50	抬包过磅	过磅	2. 驾驶员安全站位不当	50	1	0.5	25	四级	（1）驾驶员下车后必须站在安全位置 （2）与抬包车及抬包保持足够安全距离	
51	抬包过磅	驶出过磅区域	1. 车辆起步前未对周围环境进行安全确认	50	1	1	50	四级	（1）车辆起步前驾驶员需观察周围环境，查看是否有影响行车安全的障碍物 （2）确认无影响行车安全的障碍后方可鸣笛缓慢起步	
52	收车	将车辆停放在指定区域	1. 驾驶员收车后随意停放车辆	25	1	1	25	四级	（1）驾驶员收车后必须按指定区域停放车辆 （2）车辆停稳后拉紧手制动	
53	收车	检查、维护车辆	1. 未对车辆各部件进行检查	50	1	1	50	四级	（1）收车后驾驶员必须检查车辆各部件的技术状况 （2）发现故障或隐患需及时上报处理并做好记录	
54	收车	检查、维护车辆	2. 收车后没有做好车辆清洁、紧固、润滑工作	25	2	1	50	四级	驾驶员收车后必须做好车辆清洁工作，对车辆各部件的螺丝进行紧固，对需要润滑的部位进行润滑保养	
55	收车	关闭电源，锁好车门	1. 收车后没有关闭电源、锁好车门	5	2	3	30	四级	驾驶员收车后必须拔出钥匙、关闭电源、锁好车门，妥善保管好车辆钥匙	

续表

序号	作业活动/工作流程	主要操作步骤	存在的风险	风险等级分析					主要防控措施	备注
				后果	暴露	可能性	风险值	风险等级		
56	交接班	填写交班记录	1. 驾驶员没有填写交接班记录或填写的记录与实际情况不符	25	2	1	50	四级	(1) 交班时驾驶员必须按时填写交接班记录 (2) 驾驶员必须按实际情况填写记录，严禁弄虚作假 (3) 做好巡视检查和监管工作	
57		面对面交接	1. 交接班人员没有进行面对面交接	50	1	1	50	四级	(1) 交接班人员必须面对面交接，接班人员未到岗或有异议时，交班人员不得离开 (3) 交接班人员交接清楚，接班司机无异议后方可视为交班结束	
58			2. 车钥匙未一起交接或将车钥匙放在抬包车上口头交接	15	2	1	30	四级	(1) 交接班人员必须面对面交接，钥匙与车辆一并交于接班人 (2) 交接班人员交接清楚，接班司机无异议后方可视为交班结束，严禁口头交接	

3.2.3 阳极拖车作业

阳极拖车作业的主要作业活动/工作流程：

①作业前准备；②出车前检查；③车辆行驶；④阳极转运；⑤收车；⑥交接班。

阳极拖车作业安全风险辨识及防控措施见表3.7。

表 3.7　阳极拖车作业安全风险辨识及防控措施一览表

序号	作业活动/工作流程	主要操作步骤	存在的风险	风险等级分析					主要防控措施	备注
				后果	暴露	可能性	风险值	风险等级		
1	作业前准备	人员确认	1. 上岗人员应到未到	50	1	0.5	25	四级	（1）班前会点名确认 （2）填写原始考勤记录	
2			2. 上岗人员身体、精神状态不佳	25	1	3	75	三级	（1）班前会时由班长对人员身体、精神状态进行检查 （2）身体、精神状态不佳人员不得上岗作业	
3		劳动保护用品确认	1. 劳动保护用品穿戴不规范	50	1	0.5	25	四级	（1）上岗前穿戴好劳动保护用品，工作服做到“三紧” （2）班前会由班长进行纠偏	
4			2. 个人劳动保护用品过期	50	1	1	50	四级	使用前检查劳动保护用品是否过期	
5		上岗要求确认	1. 无证上岗作业	25	1	1	75	三级	（1）经专业机构培训并取得相应证照并定期复审，确保证照在有效期内 （2）上岗前必须签订师带徒合同，经岗前操作培训合格后方可作业	
6			2. 未经三级安全教育培训上岗作业	100	1	0.5	50	四级	按要求开展三级安全教育培训，离岗6个月以上的人员复岗前必须培训	
7		风险确认	1. 对作业活动风险不清楚	100	0.5	0.5	25	四级	（1）作业前进行风险辨识，制定并落实相应的防控措施 （2）随身携带口袋卡，对照内容进行手指口述安全确认	

续表

序号	作业活动/工作流程	主要操作步骤	存在的风险	风险等级分析					主要防控措施	备注
				后果	暴露	可能性	风险值	风险等级		
8		风险确认	2. 未参加班前会	100	0.5	0.5	25	四级	(1) 上岗人员必须按时参加班前会 (2) 未参加班前会人员由班长单独进行任务布置及安全交底	
9		风险确认	3. 对作业任务、存在风险、防控措施等不清楚	100	0.5	0.5	25	四级	(1) 班长布置任务时，必须严格对照口袋卡对作业任务中存在的风险进行手指口述，逐项提醒 (2) 班员对班长布置的任务及作业风险进行复述，班长确认	
10		风险确认	4. 未明确作业负责人及互联互保人员	100	0.5	0.5	25	四级	指定作业负责人，明确互联互保人员	
11	出车前检查	车辆点检	1. 拖车启动、转向、制动、灯光、喇叭、声光报警装置、液压系统、传动系统、操作杆故障	50	2	1	100	三级	(1) 严格执行车辆“三检”制度 (2) 检查出故障及时上报排除并做好记录 (3) 严禁带病车辆运行	
12	出车前检查	车辆点检	2. 拖车冷却液、机油、传动油、液压油、柴油、刹车油不足或存在跑冒滴漏	50	2	1	100	三级	(1) 严格执行车辆“三检”制度 (2) 及时加注各类油品，加满冷却液 (3) 跑冒滴漏现象必须及时处理并做好记录，严禁车辆带病运行	
13	出车前检查	车辆点检	3. 轮胎气压过高、偏低；胎面磨损超标、破损、扎入异物；胎侧有鼓包现象	25	2	3	150	三级	(1) 严格执行车辆“三检”制度 (2) 及时修复或更换存在安全隐患的轮胎 (3) 根据高、低温天气情况，结合额定标准气压做适当的气压调整 (4) 严禁用手触摸轮胎破损、鼓包部位和取异物	

续表

序号	作业活动/工作流程	主要操作步骤	存在的风险	风险等级分析					主要防控措施	备注
				后果	暴露	可能性	风险值	风险等级		
14	车辆行驶	车辆点检	4. 托架的铰链销、转向油缸、起升缸、液压油管、后轮刹车油管、托架箱体存在故障	50	1	1	50	四级	(1) 严格执行车辆“三检”制度 (2) 发现故障及时上报排除并做好记录 (3) 严禁车辆带病运行	
15			5. 拖车各部件螺丝有松动或缺失	15	2	1	30	四级	(1) 严格执行车辆“三检”制度 (2) 松动的螺丝必须及时紧固，缺失的螺丝必须加装	
16			6. 车载灭火器失效	15	2	0.5	15	四级	每班进行检查，发现异常及时更换	
17			7. 安全带损坏或缺失	25	2	0.5	25	四级	每班进行检查，发现异常及时更换	
18			8. 检查车辆时未做好自身防护，导致受伤	15	2	0.5	15	四级	(1) 正确穿戴劳动保护用品 (2) 检查车辆时严禁用手代替工器具	
19			9. 上下车辆没有站稳抓牢	15	1	0.5	7.5	四级	(1) 上下车辆站稳抓牢 (2) 仔细观察周边情况	
20		车辆运行	1. 未观察车辆周边环境就起步行车	50	1	1	50	四级	(1) 车辆起步前必须进行环车检查，进行安全确认 (2) 车辆起步前必须鸣笛、开启转向灯	
21			2. 不按规定路线行驶	50	1	1	50	四级	(1) 按指定的工艺路线行驶 (2) 特殊情况下进入非指定路线时需经审批许可	
22			3. 不按限速规定行驶	50	1	1	50	四级	(1) 严格执行区域限速规定 (2) 区域外严格执行叉车限速规定	
23			4. 不系安全带	25	1	3	75	三级	驾驶车辆时按要求系好安全带	
24			5. 驾车时有吸烟、接打电话等影响行车安全的行为	50	2	1	100	三级	(1) 车辆行驶时严禁有碍行车安全的行为 (2) 接打电话时必须将车辆停靠在安全区域	

续表

序号	作业活动/工作流程	主要操作步骤	存在的风险	风险等级分析					主要防控措施	备注
				后果	暴露	可能性	风险值	风险等级		
25	车辆行驶	车辆运行	6. 进出厂房或转弯时未减速、鸣笛、开启转向灯	25	2	0.5	25	四级	进出厂房时减速、鸣笛、开启转向灯	
26			7. 车辆行驶时没有关闭车门	5	2	0.5	5	四级	车辆行驶时必须关紧车门，严禁敞开车门	
27			8. 车辆行驶时强超抢会、随意变道	50	1	3	150	三级	（1）车辆行驶时严禁强超抢会、随意变道 （2）车辆变道时必须提前开启转向灯，加强观察，确认安全后方可变道	
28			9. 极端天气、地面湿滑、视线不清时驾驶车辆	50	1	3	150	三级	（1）极端天气、视线不清时车辆应减速慢行，谨慎驾驶，随时做好停车准备 （2）能见度小于5 m时应停止作业，将车辆停放在安全区域 （3）地面湿滑时车辆应做好防滑准备，减速慢行，随时做好停车准备	
29			10. 下坡时空挡滑行	50	2	1	100	三级	任何情况下严禁车辆空挡滑行	
30			11. 车辆发生故障时未采取有效防护措施	5	2	1	10	四级	（1）车辆发生故障时立即靠边停车并做好安全防护 （2）人员离开车辆并站到安全区域 （3）检修人员排除故障时，做好现场监护	

续表

序号	作业活动/工作流程	主要操作步骤	存在的风险	风险等级分析					主要防控措施	备注
				后果	暴露	可能性	风险值	风险等级		
31	车辆行驶	车辆运行	12. 行驶中注意力不集中	50	1	1	50	四级	(1) 驾驶员驾驶中必须保持注意力高度集中 (2) 随时观察路面状况，与周围行人、车辆、设备设施保持安全距离 (3) 随时做好停车准备	
32			13. 车辆夜间行驶时未开启大灯、警示灯	25	2	1	50	四级	(1) 严格执行车辆"三检"制度，确保车辆灯光齐全有效 (2) 夜间行车时必须开启大灯、警示灯	
33			14. 拖车搭乘无关人员	5	2	0.5	5	四级	严禁拖车搭乘无关人员	
34			15. 货箱载人，人、货混装	15	2	1	30	四级	严禁货箱载人，人、货混装	
35			16. 将车辆交给无关人员驾驶	50	1	0.5	25	四级	(1) 车辆必须面对面交接 (2) 严禁将车辆交给无关人员驾驶 (3) 做好巡视检查和监管工作	
36			17. 作业中车辆需临时停放时妨碍行人及其他车辆通行	15	2	1	30	四级	(1) 车辆需临时停放时必须靠边停放在安全可靠的区域 (2) 车辆发生故障时应在车辆前后方摆放警示标识，车轮前后需用可靠物件（如防溜车三角木）做好防溜措施 (3) 车辆临时停放时不得妨碍其他车辆和行人通行	

续表

序号	作业活动/工作流程	主要操作步骤	存在的风险	风险等级分析					主要防控措施	备注
				后果	暴露	可能性	风险值	风险等级		
37	车辆行驶	车辆运行	18. 车辆行驶过程中油管泄漏污染地面或引起车辆火灾	25	1	3	75	三级	(1) 定期检查油管老化磨损情况，紧固各油管接头 (2) 运行中经常观察运行路线和停车点是否有油污泄漏，尽早处理 (3) 发生着火情况时立即靠边停车，熄火拉好手刹，用灭火器进行灭火；火势过大或蔓延无法熄灭时，人员立即撤离到安全区域，并提醒警示其他车辆不要靠近。	
38	阳极转运	装阳极	1. 拉运未放稳的阳极	25	2	1	50	四级	下车查看阳极摆放是否平稳，如有不平稳通知叉车重新摆放，待摆放平稳后再行拉运	
39			2. 车辆倒车时存在视线盲区	25	1	1	25	四级	倒车前驾驶员应先观察周围情况，确认安全后方可倒车	
40			3. 拖挂极盘时操作不规范	5	2	3	30	四级	拖挂阳极盘时，驾驶员应先降低托架，调整间距，确保托盘在拖斗正中间，待托盘全部进入托架后升起托架	
41			4. 倒车装载托盘时，托盘四周 1.5 m 范围内有人员或设备设施	25	2	1	50	四级	(1) 车辆倒车装盘必须缓慢，仔细观察倒车运行路线及待装托盘四周情况 (2) 运行路线及托盘四周有人员和临时摆放的设备设施时，必须鸣笛示警，待人员和临时设备设施撤离到安全位置后方可倒车装盘 (3) 禁止野蛮倒车装盘	

续表

序号	作业活动/工作流程	主要操作步骤	存在的风险	风险等级分析					主要防控措施	备注
				后果	暴露	可能性	风险值	风险等级		
42	阳极转运	拉运阳极	1. 托盘未完全进入托架就起步行驶	5	2	3	30	四级	拉运时必须待托盘全部进入托架时方能起升托架	
43			2. 拖车起步前托架未完全起升到位	15	2	1	30	四级	车辆起步前必须将托架完全起升到位后方能行驶	
44			3. 转运阳极时急转弯、急刹车，可能造成导杆歪斜倾倒	50	1	0.5	25	四级	（1）严禁急转弯、猛打转向盘，严格执行限速规定，转弯时速度不得超过 5 km/h （2）转运阳极时严禁踩急刹车	
45			4. 高温热残极长时间放置于托架上可能导致轮胎爆胎	25	0.5	1	12.5	四级	严禁将高温热残极长时间放置于托架上	
46			5. 阳极托盘内装料不规范，装料过满或超出托盘边缘，导致运输过程中物料掉落路面	5	3	1	15	四级	（1）电解装盘物料不能过满，必须规范 （2）装盘拉运前注意检查物料装盘情况，装料过满或不规范的托盘禁止拉运 （3）拉运时平稳行驶，限速 30 km/h	
47		卸阳极	1. 未按指定区域摆放阳极托盘	5	2	3	30	四级	阳极托盘必须摆放在指定区域，严禁随意摆放	
48			2. 在厂房内倒车由于导杆影响存在视线盲区	25	1	3	75	三级	（1）倒车前先下车进行安全确认，确认无影响行车安全的障碍物后方可起步倒车 （2）用喇叭、声光报警装置提醒作业现场内的人员和车辆	
49			3. 拖车边行驶边降下托架	15	2	1	30	四级	（1）严禁拖车边行驶边降下托架 （2）拖车到达指定位置后方可降下托架	

续表

序号	作业活动/工作流程	主要操作步骤	存在的风险	风险等级分析					主要防控措施	备注
				后果	暴露	可能性	风险值	风险等级		
50	收车	将车辆停放在指定区域	1. 驾驶员收车后随意停放车辆，没有按指定区域停车	5	2	3	30	四级	（1）驾驶员收车后必须按指定区域停放车辆 （2）车辆停稳后拉紧手制动 （3）做好巡视检查和监管工作	
51	收车	检查、维护车辆	1. 未对车辆各部件进行检查	15	2	3	90	三级	（1）收车后驾驶员必须检查车辆各部件的技术状况 （2）发现故障或隐患需及时上报处理并做好记录 （3）做好巡视检查和监管工作	
52	收车	检查、维护车辆	2. 收车后没有做好车辆清洁、紧固、润滑工作	5	2	3	30	四级	（1）驾驶员收车后必须做好车辆清洁工作 （2）对车辆各部件螺丝进行紧固，需要润滑的部位进行润滑保养 （3）做好巡视检查和监管工作	
53	收车	关闭电源，锁好车门	1. 收车后没有关闭电源、锁好车门	5	2	3	30	四级	（1）驾驶员收车后必须拔出钥匙、关闭电源、锁好车门 （2）妥善保管好车辆钥匙	
54	交接班	填写交接班记录	1. 驾驶员没有填写交接班记录或填写的记录与实际情况不符	15	2	1	30	四级	（1）交班时驾驶员必须按时填写交接班记录 （2）驾驶员必须按实际情况填写记录，严禁弄虚作假 （3）做好巡视检查和监管工作	
55	交接班	面对面交接	1. 交接班人员没有进行面对面交接	15	2	1	30	四级	（1）交接班人员必须面对面交接 （2）接班人员未到岗或有异议时，交班人员不得离开 （3）交接班人员交接清楚，接班司机无异议后方可视为交班结束	

3.2.4 装载机作业

装载机作业的主要作业活动/工作流程：

①作业前准备；②出车前检查；③车辆行驶；④安全确认；⑤物料铲装；⑥清洁、检查车辆；⑦收车。

装载机作业安全风险辨识及防控措施见表3.8。

表3.8 装载机作业安全风险辨识及防控措施一览表

序号	作业活动/工作流程	主要操作步骤	存在的风险	风险等级分析					主要防控措施	备注
				后果	暴露	可能性	风险值	风险等级		
1	作业前准备	人员确认	1. 上岗人员应到未到	50	1	0.5	25	四级	（1）班前会点名确认 （2）填写原始考勤记录	
2			2. 上岗人员身体、精神状态不佳	25	1	3	75	三级	（1）班前会时由班长对人员身体、精神状态进行检查 （2）身体、精神状态不佳人员不得上岗作业	
3		劳动保护用品确认	1. 劳动保护用品穿戴不规范	50	1	0.5	25	四级	（1）上岗前穿戴好劳动保护用品，工作服做到“三紧” （2）班前会由班长进行纠偏	
4			2. 个人劳动保护用品过期	50	1	1	50	四级	使用前检查劳动保护用品是否过期，严禁使用过期劳动保护用品，过期劳动保护用品及时更换	
5		上岗要求确认	1. 无证上岗作业	100	0.5	1	100	三级	（1）经专业机构培训并取得相应资格证后方可上岗作业 （2）随身携带特种作业人员资格证 （3）定期培训、复审、检查	
6			2. 未经三级安全教育培训上岗作业	100	1	0.5	50	四级	按要求开展三级安全教育培训，离岗6个月以上的人员复岗前必须培训	

续表

序号	作业活动/工作流程	主要操作步骤	存在的风险	风险等级分析					主要防控措施	备注
				后果	暴露	可能性	风险值	风险等级		
7	作业前准备	风险确认	1. 对作业活动风险不清楚	100	0.5	0.5	25	四级	(1) 作业前进行风险辨识，制定并落实相应的防控措施 (2) 随身携带口袋卡，对照内容进行手指口述安全确认	
8			2. 未参加班前会	100	0.5	0.5	25	四级	(1) 上岗人员必须按时参加班前会 (2) 未参加班前会人员由班长单独进行任务布置及安全交底	
9			3. 对作业任务、存在风险、防控措施等不清楚	100	0.5	0.5	25	四级	(1) 班长布置任务时，必须严格对照口袋卡对作业任务中存在的风险进行手指口述，逐项提醒 (2) 班员对班长布置的任务及作业风险进行复述，班长确认	
10			4. 未明确作业负责人及互联互保人员	100	0.5	0.5	25	四级	指定作业负责人，明确互联互保人员	
11		作业现场环境	1. 路面湿滑，人员易滑跌	50	1	0.5	25	四级	及时清理地面积水、油污	
12		设备检查	1. 引擎盖支撑不牢靠，导致砸、碰受伤	25	1	0.5	12.5	四级	(1) 及时更换失效撑竿 (2) 禁止使用木棍、铁棍等支撑物代替撑竿 (3) 使用具有止回卡扣的撑竿，开合到位并按下卡扣	
13			2. 检查时用手触摸转动部位，导致夹伤	25	1	1	25	四级	(1) 严禁未停机进行设备检查 (2) 如需在设备运转时进行检查时，严禁一切触碰行为	
14			3. 未做好自身防护	25	1	1	25	四级	(1) 正确穿戴劳动保护用品 (2) 检查车辆时严禁用手代替工器具	

续表

序号	作业活动/工作流程	主要操作步骤	存在的风险	风险等级分析					主要防控措施	备注
				后果	暴露	可能性	风险值	风险等级		
15	出车前检查	设备检查	4. 上下车辆没有站稳抓牢	25	1	1	25	四级	（1）上下车辆站稳抓牢 （2）仔细观察周边情况，正确站位	
16			5. 热车检查水箱冷却液导致烫伤	25	1	0.5	12.5	四级	（1）非故障排除的情况下禁止热车时扭开水箱盖 （2）若有必要检查冷却液时，应交由检修人员操作完成	
17			6. 车辆启动、转向、制动、液压系统、传动系统、操作杆不灵敏或者失效	50	1	3	150	三级	（1）严格执行车辆“三检”制度 （2）检查出故障及时上报排除并做好记录 （3）严禁带病车辆运行	
18			7. 车辆冷却液、传动油、液压油、柴油不足	25	1	1	25	四级	（1）严格执行车辆“三检”制度 （2）及时加注各类油品，加满冷却液	
19			8. 车辆灯光、制动、灯光、喇叭存在故障	25	1	3	75	三级	（1）严格执行车辆“三检”制度 （2）发现故障及时上报排除并做好记录 （3）严禁车辆带病运行	
20			9. 车载灭火器失效	25	1	1	25	四级	（1）严格执行《消防设施管理制度》，每班检查 （2）发现异常及时更换	
21	车辆行驶	车辆启动	1. 未观察车辆周边环境就起步行车	50	0.5	1	25	四级	（1）车辆起步前必须进行环车检查，进行安全确认 （2）车辆起步前必须鸣笛、开启转向灯	
22		道路行驶	1. 不按规定路线行驶	50	1	0.5	25	四级	（1）按指定的工艺路线行驶 （2）特殊情况下进入非指定路线时需经审批许可	

续表

序号	作业活动/工作流程	主要操作步骤	存在的风险	风险等级分析					主要防控措施	备注
				后果	暴露	可能性	风险值	风险等级		
23	车辆行驶	道路行驶	2. 不按限速规定行驶	100	1	0.5	50	四级	(1) 严格执行区域限速规定 (2) 区域外严格执行叉车限速规定	
24			3. 车辆行驶时将身体探出车外	50	1	0.5	25	四级	车辆行驶时严禁将身体探出车外	
25			4. 下坡时空挡滑行	100	1	0.5	50	四级	任何情况下严禁车辆空挡滑行	
26			5. 驾车时有吸烟、接打电话等影响行车安全的行为	100	1	1	100	三级	(1) 车辆行驶时严禁有碍行车安全的行为 (2) 接打电话时必须将车辆停靠在安全区域	
27			6. 车辆行驶时急刹车、猛打转向盘、强超抢会、随意变道	50	1	3	150	三级	(1) 稳驾慢行，严禁猛打转向盘 (2) 严禁强超抢会 (3) 车辆变道时必须提前开启转向灯，加强观察，确认安全后方可变道	
28			7. 光线不明、视线不清时冒险行车	100	1	1	100	三级	(1) 光线不明时需开启照明灯光 (2) 光线不明、视线不清时严禁行车	
29			8. 进出厂房或转弯时未减速、鸣笛、开启转向灯	50	0.5	1	25	四级	进出厂房时减速、鸣笛、开启转向灯	
30			9. 进入湿滑、松软的场地，导致车辆失控、陷落	50	0.5	1	25	四级	(1) 进入湿滑路面时稳驾慢行 (2) 严禁进入松软场地	
31			10. 铲斗违规载人	5	2	1	10	四级	严禁铲斗载人	

续表

序号	作业活动/工作流程	主要操作步骤	存在的风险	风险等级分析					主要防控措施	备注
				后果	暴露	可能性	风险值	风险等级		
32	车辆行驶	临时急停	1. 车辆紧急临停时未采取有效防护措施	50	1	0.5	25	四级	（1）车辆发生故障时立即靠边停车并做好安全防护 （2）人员离开车辆并站到安全区域 （3）检修人员排除故障时，做好现场监护	
33	安全确认	环境确认	1. 路面不实、松软、坑洼不平，造成物料泼洒及车辆侧翻、陷落	50	1	1	50	四级	（1）作业前下车对作业区域路面情况进行确认 （2）提前处理影响车辆安全行驶的状况，排除后方可作业	
34			2. 交叉作业，无关行人进出，导致人员受伤、车辆碰撞	100	1	1	100	三级	（1）设置安全警示标识，提醒进出行人、车辆 （2）划分作业区域，实施物理隔离	
35			3. 料仓墙体承重不足，导致墙体倒塌	100	1	0.5	50	四级	（1）检查料仓墙体是否有裂纹、倾斜 （2）临时堆场作业时，保持物料与墙体的安全距离	
36		物料确认	1. 物料松软作业时坍塌	50	0.5	1	25	四级	（1）松软物料堆码时，严禁超过车高60% （2）推、铲物料时，优先处理高处集料	
37			2. 物料比重不清导致车辆失衡	50	0.5	1	25	四级	铲料前试铲、试举，确定物料比重后方可作业	
38	物料铲装	对位铲料	1. 低折腰进铲作业导致车辆受损	25	0.5	1	12.5	四级	严禁折腰角度小于160°时进铲作业	
39			2. 高档位进铲作业导致变速箱受损	25	0.5	1	12.5	四级	对位进铲时必须对正料堆，一挡前进，待铲斗切入料堆后平缓加大油门	

续表

序号	作业活动/工作流程	主要操作步骤	存在的风险	风险等级分析					主要防控措施	备注
				后果	暴露	可能性	风险值	风险等级		
40	物料铲装	铲取物料	1. 物料距离墙体过近导致墙体受损	50	1	1	50	四级	（1）禁止铲取距离墙体 50 cm 内的物料 （2）距离墙体 50 cm 内的物料应使用人工铲取，投入铲斗	
41			2. 高速铲取 50 cm 以下物料，导致地面受损	25	1	1	25	四级	（1）铲取 50 cm 以下物料时，一挡前进，避开地面盖板 （2）选择物料临时堆场时，应避开地面不平、盖板区域	
42			3. 物料堆放区内有电线、灭火器等杂物	50	1	0.5	25	四级	（1）堆放物料时，应避免布置电线、灭火器等杂物 （2）举升铲斗时，注意避让高处布线，保持 1 m 以上的安全距离	
43			4. 野蛮硬铲	50	1	0.5	25	四级	（1）严格执行铲料“五不准” ①不准折腰角度小于 160°时铲料 ②不准前轮或后轮离地时铲料 ③不准用一角单边铲料 ④不准阻力过大硬铲 ⑤不准铲装坚硬大块货物 （2）装载机作业前必须清理地面杂物，预防轮胎碾压杂物崩飞伤人	
44		载荷行走	1. 猛加速、急停，导致物料泼洒	25	1	1	25	四级	（1）退、行平稳，严禁急行急停 （2）铲装物料不高于铲斗上沿	
45			2. 铲斗位置过高遮挡视线	50	1	1	50	四级	（1）铲斗位置不得高于地面 50 cm 或遮挡驾驶员视线	
46			3. 运输设备、工器具等其他物品时，未捆扎牢滑落	50	1	1	50	四级	（1）非常规作业前按要求开展风险辨识，制定并落实防护措施后方可作业 （2）运输设备、物料时，必须进行捆绑，确保安全措施落实到位	

续表

序号	作业活动/工作流程	主要操作步骤	存在的风险	风险等级分析					主要防控措施	备注
				后果	暴露	可能性	风险值	风险等级		
47	物料铲装	载荷行走	4. 使用装载机替代起重设备吊装货物	50	1	1	50	四级	严禁使用装载机替代起重设备进行吊装作业	
48			5. 使用装载机支撑设备进行检修作业	100	1	1	100	三级	严禁使用装载机支撑设备进行检修作业	
49		卸料翻斗	1. 其他人员、设备距离卸料位置过近	100	1	0.5	50	四级	（1）卸料区域严禁站人；保持与其他设备 1 m 以上的安全距离 （2）对卸料区域实施物理隔离，严禁人员及其他车辆进入	
50			2. 铲斗内物料散落	50	1	1	50	四级	（1）铲斗不准在人员、设备、驾驶室上方越过 （2）严禁重载铲斗空中高速下降或空中急停。 （3）不准卸料疾速翻斗 （4）不准先下降动臂后收斗 （5）不准铲斗重载长时间悬空等待	
51		翻斗回位	1. 铲斗未回位便退车，导致铲斗剐蹭车厢、料台	25	1	1	25	四级	（1）下料结束后应立即收回铲斗 （2）铲斗回转到位后，装载机方可倒退驶离	
52			2. 倒退行驶时观察不仔细	50	1	1	50	四级	倒退行驶时必须先观察、确认后方环境，短暂停止后方可继续	
53		空载行走	1. 铲斗位置过低，擦碰地面凸起	25	1	1	25	四级	（1）行车过程中铲斗距离地面不低于 40 cm （2）集中精力，注意观察路面情况	

续表

序号	作业活动/工作流程	主要操作步骤	存在的风险	风险等级分析					主要防控措施	备注
				后果	暴露	可能性	风险值	风险等级		
54	物料铲装	电解质铲装	1. 粉尘电解质破碎时扬尘较大，遮挡视线	100	0.5	1	50	四级	（1）按要求佩戴口罩，关好车门 （2）粉尘较大时将车辆停放到通风区域，待扬尘散去后再继续作业	
55	物料铲装	电解质铲装	2. 作业场地狭窄	50	1	1	50	四级	（1）控制车速，低速作业 （2）保持专注，注意观察四周情况 （3）与车间内其他杂物保持 1 m 以上安全距离	
56	物料铲装	电解质铲装	3. 天车被吊运物品掉落砸中驾驶室	50	1	1	50	四级	（1）作业过程中保持专注，注意观察天车走向 （2）天车被吊运物品行经作业区域时，靠边停车，主动避让 （3）投料作业开始前与天车沟通，告知作业起止时间	
57	物料铲装	氢氧化钠铲装	1. 包装破损，氢氧化钠散落	50	1	1	50	四级	（1）作业人员按要求穿戴劳动保护用品，必须佩戴橡胶手套、眼罩 （2）作业前关闭门窗 （3）禁止逆风装车 （4）作业结束后清扫车辆，再使用清水冲洗	
58	物料铲装	氢氧化钠铲装	2. 路面湿滑，导致车辆失控	50	1	1	50	四级	（1）控制车速，低速作业 （2）提前减速，避免急刹车 （3）保持方向，忌猛打转向盘	
59	物料铲装	推炭块、铁渣	1. 大门未打开到位，车辆进出时发生擦碰	25	1	1	25	四级	开门到位并固定牢靠后再进入场地作业	
60	物料铲装	推炭块、铁渣	2. 铲斗提升过高阻碍视线	50	1	1	50	四级	非作业中铲斗要平放并保持离地面 50 cm	

续表

序号	作业活动/工作流程	主要操作步骤	存在的风险	风险等级分析					主要防控措施	备注
				后果	暴露	可能性	风险值	风险等级		
61	清洁、检查车辆	推炭块、铁渣	3. 推炭块作业未关大门	50	1	1	50	四级	装载机推炭块作业时关闭大门	
62			4. 废炭块库内有人员逗留	50	1	1	50	四级	与厂房内人员进行安全沟通，等待其离开后再进行作业	
63			5. 作业区域内铁渣将轮胎扎爆	50	1	1	50	四级	（1）沟通组装人员清扫地面 （2）进入作业区域前，驾驶员应对现场进行检查，确保达到作业要求	
64		清洁车辆	1. 未在指定位置清洁车辆	15	1	1	15	四级	（1）在指定位置清洁车辆 （2）及时处理清洁车辆时产生的垃圾	
65			2. 上下车辆没有站稳抓牢	25	1	1	25	四级	（1）上下车辆站稳抓牢 （2）仔细观察周边情况	
66		检查车辆	1. 收车前未检查车辆情况	15	1	1	15	四级	收车前应环车检视，确定无跑冒滴漏现象	
67	收车	将车辆停放到指定位置	1. 车辆乱停乱放	25	1	1	25	四级	（1）按指定地点停放车辆 （2）车辆发生故障时应停放在安全区域并做好安全防护	
68		停车确认	1. 货叉未完全落地	25	1	1	25	四级	停车时必须将货叉平稳落到地面	
69			2. 未关电源、拉手刹、拔钥匙、锁车门	50	1	1	50	四级	车辆停放到指定位置后，关闭电源、拉紧手刹、拔出钥匙、锁好车门	
70			3. 未清洁、紧固、润滑车辆	15	1	1	15	四级	收车后做好车辆清洁工作，紧固松动螺丝，进行润滑保养	
71		交接班	1. 交班时交接不清，导致任务不明、风险不清	50	1	1	50	四级	（1）认真填写交接班记录 （2）交班时面对面交接	

3.2.5 汽运装卸作业

汽运装卸作业的主要作业活动/工作流程：

①作业前准备；②出车前检查；③车辆行驶；④装卸；⑤过磅；⑥收车；⑦交接班。

汽运装卸作业安全风险辨识及防控措施见表 3.9。

表 3.9 汽运装卸作业安全风险辨识及防控措施一览表

序号	作业活动/工作流程	主要操作步骤	存在的风险	风险等级分析					主要防控措施	备注
				后果	暴露	可能性	风险值	风险等级		
1	作业前准备	规范穿戴劳动保护用品	1. 没有规范穿戴劳动保护用品	50	1	0.5	25	四级	（1）配备符合标准的劳动保护用品 （2）作业前规范穿戴好劳动保护用品 （3）班长和互联互保人员进行检查纠偏	
2		持证上岗	1. 无证作业 2. 证照不符人员上岗作业	100	1	1	100	三级	（1）驾驶员必须取得 B2 及以上相应准驾证照 （2）驾驶员必须持证上岗 （3）驾驶员对所持驾照按期进行复审	
3		参加班前会	1. 作业人员未参加班前会，对作业任务、存在风险、防控措施等不清楚	50	2	0.5	50	四级	（1）当班人员必须按时参加班前会 （2）作业人员必须熟知当班作业任务、存在的风险及防控措施等 （3）未按时参加班前会人员必须由班长单独进行任务布置及安全告知	
4			2. 作业人员身体、精神状态不佳	25	1	3	75	三级	（1）身体、精神状态不佳人员要主动上报异常情况 （2）班前会由班长对当班人员进行身体、精神状态检查 （3）严禁身体、精神状态不佳人员上岗作业	

续表

序号	作业活动/工作流程	主要操作步骤	存在的风险	风险等级分析					主要防控措施	备注
				后果	暴露	可能性	风险值	风险等级		
5	作业前准备	车辆交接	1. 没有进行车辆交接，对车辆状况不熟悉	50	1	1	50	四级	（1）认真查看交接班记录 （2）对上班生产情况、车辆状况进行了解	
6		风险确认	1. 对作业活动风险不清楚	100	0.5	0.5	25	四级	（1）作业前进行风险辨识，制定并落实相应的防控措施 （2）随身携带口袋卡，对照内容进行手指口述安全确认	
7			2. 未参加班前会	100	0.5	0.5	25	四级	（1）上岗人员必须按时参加班前会 （2）未参加班前会人员由班长单独进行任务布置及安全交底	
8			3. 对作业任务、存在风险、防控措施等不清楚	100	0.5	0.5	25	四级	（1）班长布置任务时，必须严格对照口袋卡对作业任务中存在的风险进行手指口述，逐项提醒 （2）班员对班长布置的任务及作业风险进行复述，班长确认	
9			4. 未明确作业负责人及互联互保人员	100	0.5	0.5	25	四级	指定作业负责人，明确互联互保人员	
10			1. 路面湿滑，人员易滑跌	50	1	0.5	25	四级	及时清理地面积水、油污	

续表

序号	作业活动/工作流程	主要操作步骤	存在的风险	风险等级分析					主要防控措施	备注
				后果	暴露	可能性	风险值	风险等级		
11	出车前检查	车辆点检	1. 没有对车辆各部件进行详细检查	25	1	3	75	三级	(1) 检查柴油、机油、液压油、传动油、刹车油、冷却液充足 (2) 检查各轮胎气压正常、表面无破损鼓包 (3) 检查各部件螺丝紧固无缺失 (4) 检查安全带、车载灭火器齐全有效 (5) 检查启动、转向、制动、传动、气压、灯光、喇叭、雨刮器、监控设施齐全有效 (6) 检查仪表盘数据显示正常 (7) 检查车辆随车证件齐全有效 (8) 认真填写车辆点检记录	
12			2. 检查车辆时没有做好自身防护	15	2	1	30	四级	(1) 正确穿戴使用劳动保护用品 (2) 检查车辆时做好支撑、防溜措施 (3) 检查车辆时禁止用手代替工器具 (4) 上下车辆时站稳抓牢	
13		车辆起步前安全确认	1. 没有检查是否有影响车辆起步的障碍物	50	1	1	50	四级	(1) 对车辆进行环车检查 (2) 及时清理影响车辆起步的障碍物	
14	车辆行驶	车辆起步	1. 车辆周围有影响行车的人员和障碍物	50	1	1	50	四级	(1) 观察车辆周围有无人员和障碍物 (2) 确认安全后方可鸣号起步	
15		车辆运行	1. 驾驶员驾驶车辆时未系安全带	25	1	3	75	三级	(1) 车辆行驶时，驾驶员必须系好安全带 (2) 加强货车上安全带的巡视检查，发现损坏或失灵及时更换	

续表

序号	作业活动/工作流程	主要操作步骤	存在的风险	风险等级分析					主要防控措施	备注
				后果	暴露	可能性	风险值	风险等级		
16	车辆行驶	车辆运行	2. 行驶时有妨碍行车安全的行为	50	1	3	150	三级	（1）车辆行驶时严禁影响行车安全的行为（如使用手机、吸烟、饮食、用耳机听音乐等） （2）加强巡视检查和视频抽查	
17			3. 行驶中注意力不集中	50	1	1	50	四级	（1）驾驶员驾驶中必须保持注意力高度集中 （2）随时观察路面状况，与周围行人、车辆、设备设施保持安全距离 （3）随时做好停车准备	
18			4. 不按规定的路线行驶	50	1	0.5	25	四级	（1）车辆严格按照规定的路线行驶 （2）做好车辆运行期间的安全巡视检查 （3）利用信息化工具（车载GPS）做好监管	
19			5. 车辆不按限速规定行驶	50	1	1	50	四级	（1）严格按照限速规定行驶，有限速标志路段以限速标志为准 （2）利用信息化工具（车载GPS）做好监管	
20			6. 车辆随意变道、强超抢会	25	1	3	75	三级	（1）严禁车辆随意变道、强超抢会 （2）利用信息化工具（车载GPS）做好监管 （3）严格执行《中华人民共和国道路交通法》	
21			7. 车辆行驶中急刹车、急转弯或突然爆胎	100	1	1	100	三级	（1）车辆行驶中严格执行限速规定，避免急刹车、急转弯 （2）车辆行驶中稳驾慢行，注意观察周围情况，与周围行人、车辆、设备设施保持安全距离，随时做好停车准备 （3）出车前做好车辆轮胎检查	

续表

序号	作业活动/工作流程	主要操作步骤	存在的风险	风险等级分析					主要防控措施	备注
				后果	暴露	可能性	风险值	风险等级		
22	车辆行驶	车辆运行	8. 车辆电路短路引发火灾	100	1	0.5	50	四级	(1) 严格执行车辆“三检”制度，及时消除设备潜在隐患 (2) 定期组织员工进行消防知识培训和演练 (3) 车辆发生火灾时迅速启动应急预案	
23			9. 车辆夜间行驶时未开启照明灯光	25	1	3	75	三级	(1) 严格执行车辆“三检”制度，确保车辆灯光齐全有效 (2) 夜间行车时必须开启照明灯光	
24			10. 下坡时空挡滑行	50	2	1	100	三级	(1) 车辆行驶时严禁空挡滑行 (2) 做好车辆运行期间的安全巡视检查	
25			11. 忽视安全警示标识	50	1	0.5	25	四级	(1) 车辆行驶时驾驶员需注意观察作业现场内的安全警示标识 (2) 严格按照安全警示标识要求作业	
26			12. 极端天气、地面湿滑、视线不清时行驶车辆	25	1	3	75	三级	(1) 极端天气、视线不清时车辆应减速慢行，谨慎驾驶，随时做好停车准备 (2) 能见度小于 5 m 时应停止作业，将车辆停放在安全区域 (3) 地面湿滑时车辆应做好防滑准备，减速慢行，随时做好停车准备	
27			13. 通过交叉路口时观察不清	50	2	1	100	三级	(1) 通过交叉路口时应提前减速、注意观察，随时做好避让准备 (2) 确认无影响行车安全的障碍后方可匀速通过	

续表

序号	作业活动/工作流程	主要操作步骤	存在的风险	风险等级分析					主要防控措施	备注
				后果	暴露	可能性	风险值	风险等级		
28	车辆行驶	车辆运行	14. 交叉作业现场未进行安全确认	50	2	1	100	三级	(1) 进入交叉作业现场应停车观察 (2) 确认无影响行车安全的障碍物后方可进入 (3) 交叉作业现场必须定期开展风险辨识，制定相应的防控措施	
29			15. 将车辆交给无关人员驾驶	100	0.5	0.5	25	四级	(1) 车辆必须面对面交接 (2) 严禁将车辆交给无关人员驾驶 (3) 做好巡视检查和监管工作	
30			16. 货车搭乘无关人员，驾驶室之外坐人，人、货混装	25	2	1	50	四级	(1) 严禁货车搭乘无关人员 (2) 严禁驾驶室之外坐人，人、货混装 (3) 如有必要安排随车人员时，随车人员必须系安全带并听从驾驶员安排	
31			17. 货车在厂房内掉头或长距离倒车	50	2	1	100	三级	严禁货车在厂房内掉头或长距离倒车，如遇特殊情况时掉头或长距离倒车，必须由专人指挥，采取相应的防控措施	
32			18. 车辆进出厂房时未鸣笛、开启转向灯	15	2	1	30	四级	(1) 车辆进出厂房时应严格执行限速规定，速度不得超过 5 km/h (2) 车辆进入厂房时必须提前鸣笛、开启转向灯，及时提醒作业现场内的行人和车辆 (3) 做好巡视检查和监管工作	
33			19. 驾驶员人为遮挡或关闭行车监控系统	50	1	1	50	四级	(1) 严禁遮挡或关闭行车监控系统 (2) 定期检查行车监控系统，确保系统运行正常	

续表

序号	作业活动/工作流程	主要操作步骤	存在的风险	风险等级分析					主要防控措施	备注
				后果	暴露	可能性	风险值	风险等级		
34	车辆行驶	倒运铝锭、铝合金	1. 紧急制动使铝锭、铝合金在车板上向前滑动堆积，导致卸车困难	50	1	1	50	四级	（1）严格按照区域限速规定行车 （2）禁止急踩刹车 （3）提前避让其他车辆、人员	
35			2. 急转向导致铝锭、铝合金从车板上滑落，造成人员受伤及设备、产品受损	100	1	1	100	三级	（1）严格按照区域限速规定行车 （2）遇弯时提前减速慢行，禁止快速过弯 （3）提前避让其他车辆、人员 （4）及时清扫车板上的杂物	
36		车辆停放	1. 作业中车辆临时停放时妨碍行人及其他车辆通行	5	2	3	30	四级	（1）车辆需临时停放时必须靠边停放在安全可靠的区域 （2）车辆临时停放时不得妨碍其他车辆和行人通行	
37			2. 车辆发生故障无法移动至安全区域	15	2	1	30	四级	（1）车辆发生故障时应在车辆前后方摆放警示标识 （2）车轮前后需用可靠物件（如防溜车三角木）做好防溜措施	
38			3. 不在安全区域内排队等候	5	2	3	30	四级	（1）在指定地点划定安全停车区域 （2）装卸货物时车辆必须在安全区域排队等候	
39			4. 不听从装卸人员指挥，随意停放车辆	50	1	0.5	25	四级	（1）进入装卸现场车辆必须听从现场指挥人员指挥，按要求停放 （2）严禁随意停放车辆，影响现场其他作业	

续表

序号	作业活动/工作流程	主要操作步骤	存在的风险	风险等级分析					主要防控措施	备注
				后果	暴露	可能性	风险值	风险等级		
40	装卸	下车观察	1. 装卸货物时驾驶员下车不戴安全帽	50	1	1	50	四级	（1）装卸货物时驾驶员必须下车并穿戴齐全劳动保护用品 （2）做好巡视检查和监管工作 （3）利用信息化工具（视频监控）做好监管	
41			2. 吊装、装卸大件、大吨位货物时驾驶员不下车	25	3	1	75	三级	吊装货物时司机一定要下车，并远离吊装作业范围	
42			3. 驾驶员下车时没有站稳抓牢	50	1	0.5	25	四级	（1）驾驶员下车时必须抓好扶手，严禁直接跳下车辆 （2）下车前应观察好地面状况，确认地面无影响人员站立的障碍物	
43			4. 驾驶员下车前没有对周围环境进行观察	25	1	1	25	四级	（1）驾驶员下车前应提前观察好车辆前后左右，检查是否有行人和车辆通过 （2）确认抬包车周围无行人和车辆通过时再打开车门下车	
44		安全站位	1. 驾驶员安全站位不当	50	1	1	50	四级	（1）驾驶员下车后必须站在安全位置 （2）与头顶被吊运物品及现场设备设施保持足够的安全距离	

续表

序号	作业活动/工作流程	主要操作步骤	存在的风险	风险等级分析					主要防控措施	备注
				后果	暴露	可能性	风险值	风险等级		
45	装卸	安全确认	1. 装卸作业结束后驾驶员没有进行安全确认	50	1	1	50	四级	(1) 驾驶员需确认所拉运货物没有超载、超长、超宽、超高，否则严禁拉运 (2) 装车完成后驾驶员必须环车一周进行检查，确认货物捆绑扎牢、码放整齐，货车货箱栏板和货箱门关闭 (3) 确认车辆各部件（尤其是轮胎）无异常状况 (4) 利用视频监控做好监管 (5) 驾驶员需打开泄压阀，查看车辆压力表，确认罐车压力完成泄压	
46	装卸	上车起步	1. 驾驶员未确认装卸人员下车就上车起步	50	1	1	50	四级	(1) 驾驶员必须在上车前确认，装卸人员已下车并站在安全区域后方可上车启动行驶 (2) 装卸人员未下车且未站在安全区域时严禁启动车辆	
47	过磅	驶入过磅区域	1. 进入过磅区域没有按限速规定行驶、居中行驶	50	0.5	1	25	四级	(1) 严格执行限速规定，进入过磅区域速度不得超过 5 km/h (2) 进入过磅区域前应减速慢行、居中行驶 (3) 利用信息化工具（车载 GPS）做好监管	
48	过磅	驶入过磅区域	2. 车辆进入过磅区域踩急刹车	50	0.5	0.5	12.5	四级	(1) 车辆进入过磅区域需提前减速、做好停车准备 (2) 车辆进入过磅区域严禁踩急刹车	
49	过磅	过磅	1. 上下车辆时没有站稳抓牢	25	1	1	25	四级	驾驶员上下车辆时应站稳抓牢，做好自身防护	

续表

序号	作业活动/工作流程	主要操作步骤	存在的风险	风险等级分析					主要防控措施	备注
				后果	暴露	可能性	风险值	风险等级		
50	过磅	过磅	2. 驾驶员安全站位不当	50	1	0.5	25	四级	（1）驾驶员下车后必须站在安全位置 （2）与货车保持足够的安全距离	
51	过磅	驶出过磅区域	1. 车辆起步前未对周围环境进行安全确认	50	1	1	50	四级	（1）车辆起步前驾驶员需观察周围环境情况，查看是否有影响行车安全的障碍物 （2）确认无影响行车安全的障碍后方可鸣笛缓慢起步	
52	收车	将车辆停放在指定区域	1. 驾驶员收车后随意停放车辆，没有按指定区域停车	25	1	1	25	四级	（1）驾驶员收车后必须按指定区域停放车辆 （2）车辆停稳后拉紧手制动 （3）做好巡视检查和监管工作	
53	收车	检查、维护车辆	1. 未对车辆各部件进行检查	50	1	1	50	四级	（1）收车后驾驶员必须检查车辆各部件的技术状况 （2）发现故障或隐患需及时上报处理并做好记录 （3）做好巡视检查和监管工作	
54	收车	检查、维护车辆	2. 收车后没有做好车辆清洁、紧固、润滑工作	25	2	1	50	四级	（1）驾驶员收车后必须做好车辆清洁工作 （2）对车辆各部件螺丝进行紧固，对需要润滑的部位进行润滑保养 （3）做好巡视检查和监管工作	
55	收车	关闭电源，锁好车门	1. 收车后没有关闭电源、锁好车门	5	2	3	30	四级	（1）驾驶员收车后必须拔出钥匙、关闭电源、锁好车门 （2）妥善保管好车辆钥匙 （3）做好巡视检查和监管工作	

续表

序号	作业活动/工作流程	主要操作步骤	存在的风险	风险等级分析					主要防控措施	备注
				后果	暴露	可能性	风险值	风险等级		
56	交接班	填写交班记录	1. 驾驶员没有填写交接班记录或填写的记录与实际情况不符	25	2	1	50	四级	（1）交班时驾驶员必须按时填写交接班记录 （2）驾驶员必须按实际情况填写记录，严禁弄虚作假 （3）做好巡视检查和监管工作	
57		面对面交接	1. 交接班人员没有进行面对面交接	50	1	1	50	四级	（1）交接班人员必须面对面交接 （2）接班人员未到岗或有异议时，交班人员不得离开 （3）交接班人员交接清楚，接班司机无异议后方可视为交班结束	

3.3 仓储发运

仓储发运的主要任务有物料运输和成品仓储两部分。物料运输负责为电解生产提供氧化铝等物料，主要的作业有：下料作业、打料作业、氟盐车打料作业、天车作业；成品仓储负责合格产品的吊装发运，主要的作业有：吊装作业、发货作业。经辨识，其岗位作业存在194项风险，其中辨识出一级风险0项、二级风险2项、三级风险51项、四级风险141项。

3.3.1 下料作业

下料作业的主要作业活动/工作流程：

①班前会；②作业前检查；③指挥运输车辆对位；④指挥天车吊包；⑤下料；⑥回收包装袋；⑦输料；⑧清理现场。

下料作业安全风险辨识及防控措施见表3.10。

表 3.10　下料作业安全风险辨识及防控措施一览表

序号	作业活动/工作流程	主要操作步骤	存在的风险	风险等级分析					主要防控措施	备注
				后果	暴露	可能性	风险值	风险等级		
1	班前会	人员身体、精神状态确认	1. 身体、精神不佳者上岗作业	25	1	3	75	三级	（1）身体异常主动申报 （2）身体、精神状态不佳者不得上岗作业	
2			2. 人员酒后到岗、酒后上岗	50	1	3	150	三级	（1）身体异常主动申报 （2）班组长观察、询问，发现酒后上岗的安排其休息	
3		劳动保护用品穿戴检查确认	1. 劳动保护用品穿戴方法不当，穿戴不齐全，超期使用或穿用替代用品	50	1	0.5	25	四级	（1）员工应熟知劳动保护用品的使用、维护方法 （2）劳动保护用品使用年限到期后应及时更换 （3）劳动保护用品穿戴不正确、穿戴不齐全、穿戴替用品者严禁上岗作业	
4		确认当班作业内容	1. 当班人员不清楚当班作业内容	5	1	1	5	四级	班组长布置当班作业内容，作业人员确认作业内容	
5		辨识风险因素及防控措施	1. 作业人员未结合现场实际情况、作业流程进行风险辨识或辨识不全面	50	0.5	1	25	四级	进行相关固定风险辨识或其他临时性作业风险辨识，做好预防措施	
6			2. 作业人员不清楚所存在风险的防控措施	25	1	3	75	三级	班组长安全交底要全面到位，确保全员清楚各项风险的防控措施，在作业中可以正确辨识并规避风险，避免受到伤害	

续表

序号	作业活动/工作流程	主要操作步骤	存在的风险	风险等级分析					主要防控措施	备注
				后果	暴露	可能性	风险值	风险等级		
7	作业前检查	对区域内设备、设施进行安全检查	1. 上下楼梯未双手抓扶好扶手或在下楼梯时速度过快	5	1	1	5	四级	上下楼梯用双手抓扶好扶手，稳步慢行	
8			2. 走动中被地面障碍物或其他设备设施绊倒	5	1	1	5	四级	走动中观察、辨识现场环境，稳步慢行，注意躲避地面障碍物或其他设备设施	
9			3. 未认真做好作业前检查，使用带病、带安全隐患设备作业	25	1	3	75	三级	认真做好作业前各项安全检查	
10	指挥运输车辆对位	指挥、引导运输车辆停入指定位置	1. 现场指挥人员未保持安全站位，进入车辆转弯半径内轮差危险区域	50	1	3	150	三级	现场展示车辆内轮差危险区域、视线死角示意图，让作业人员知道怎样识别、躲避危险区	
11			2. 现场指挥人员未保持安全站位，处于驾驶员视线盲区，无法被驾驶员观察到	50	1	0.5	25	四级	指挥人员始终处于车前或车后、驾驶员一侧指挥车辆	
12			3. 现场指挥人员未与车辆保持安全距离	50	1	0.5	25	四级	指挥人员保持动态安全距离，始终与车厢体保持3 m的安全距离	
13			4. 卸车区域物料堆垛超高，车辆碰撞到堆垛区域，导致物料倾倒或坍塌	25	3	1	75	三级	（1）严禁物料超高堆垛 （2）车辆在作业区域起步运行时进行安全确认，由专人指挥	

续表

序号	作业活动/工作流程	主要操作步骤	存在的风险	风险等级分析					主要防控措施	备注
				后果	暴露	可能性	风险值	风险等级		
14	指挥运输车辆对位	指挥、引导运输车辆停入指定位置	5. 物料堵塞通道，车辆无法倒车入库	5	1	1	5	四级	严禁在通道上堆垛物料	
15			6. 驾驶员上车掀篷布时现场未设置安全绳或驾驶员未系安全带，导致高处坠落	25	3	1	75	三级	（1）装卸车区域必须设置安全绳 （2）上车作业驾驶员必须系挂安全带	
16	指挥天车吊包	挂包人员将包带挂入钩头，指挥天车起吊、吊运至下料平台	1. 挂包人员登车，采取从车厢体攀爬、跳越等不安全方式上下车	25	1	1	25	四级	使用配备的安全梯从指定位置上下车厢体	
17			2. 指挥不规范，挂包未完成或未离开安全距离，就示意天车起吊	50	1	1	50	四级	严格按操作规程作业，人员挂包动作完成后，离开1.5 m以上的安全距离，面向天车工，使用规范手势发出起吊指令	
18			3. 人员走动中被包带绊倒或踩空掉入氧化铝大包缝隙中	25	2	1	50	四级	稳步慢行，注意躲避脚下包带、缝隙，严禁快速移动	
19			4. 人员未保持安全站位，被氧化铝大包碰撞或被断带意外掉落的氧化铝大包砸中	50	1	3	150	三级	保持安全站位，主动避让天车吊运路线并与被吊运物品保持1.5 m以上的安全距离	
20			5. 氧化铝大包堆放不规范	15	3	1	45	四级	规范堆垛氧化铝大包	

续表

序号	作业活动/工作流程	主要操作步骤	存在的风险	风险等级分析					主要防控措施	备注
				后果	暴露	可能性	风险值	风险等级		
21	下料	破包完成下料	1. 作业人员靠近吊运中的氧化铝大包，并用手推扶，协助天车工调整氧化铝大包的方向和位置，可能被氧化铝大包碰撞或被意外掉落的氧化铝大包砸中	25	1	3	75	三级	有必要协助天车工调整氧化铝大包的方向和位置时，使用铁锹等辅助工器具进行，人员与氧化铝大包保持至少 1.5 m 的安全距离	
22			2. 人员未保持安全站位和安全距离，站在吊运路线终点前，氧化铝大包摆动或天车失控	50	1	1	50	四级	保持安全站位和安全距离，避开天车吊运路线，站在吊运路线侧方	
23			3. 破包作业未按规定使用刀锥或红包托架，直接对吊运悬空的氧化铝大包进行破包作业，包带断裂坠包或天车吊钩刹车失灵，氧化铝大包下坠	50	1	1	50	四级	（1）进行白色包破包作业时使用刀锥破包 （2）进行红色包破包作业时使用托架破包 （3）严格按操作规程作业，严禁使用其他方式破包	
24			4. 红包破包作业时，作业人员手扶在托架上或脚部离托架过近，天车起吊调整氧化铝大包，作业人员被氧化铝大包压伤手部，晃动的托架压伤脚部	50	1	1	50	四级	（1）作业人员离开 1 m 的安全距离后，再示意天车动作 （2）地面人员作业中，严禁天车工擅自操作天车	

续表

序号	作业活动/工作流程	主要操作步骤	存在的风险	风险等级分析					主要防控措施	备注
				后果	暴露	可能性	风险值	风险等级		
25	回收包装袋	将下料后的包装袋清理回收	1. 清理拉拽包袋内衬塑料袋时，用力过猛	25	1	1	25	四级	平顺发力，不蛮干	
26			2. 清理拉拽包袋内衬塑料袋时，内衬塑料袋断裂，人员向后闪倒，磕碰受伤	25	1	1	25	四级	平顺发力，内衬塑料袋被物料压住时，先用铁锹清理积料	
27			3. 动作过大，手部被刀锥等物体碰伤	25	1	1	25	四级	稳步操作，放慢作业速度，不急躁	
28			4. 未整齐码放，作业人员被堆放的包袋绊倒受伤	25	1	1	25	四级	整齐堆放在平台一角	
29			5. 堆放过多，影响作业人员的作业活动，人员无躲避空间	50	1	0.5	25	四级	及时清理吊运，卸完一车就进行吊运清理	
30			6. 流动吸烟导致着火燃烧	15	2	1	30	四级	（1）及时清理回收的包装袋 （2）严禁人员在包装袋附件吸烟	
31	输料	监控各打料罐下料情况，操作计算机完成打料作业	1. 注意力不集中或操作中做与工作无关的事情，给打料罐加压后忘记，未能及时进行输送操作，罐体长时间加压，易造成罐体密封胶垫损坏	50	1	1	50	四级	（1）集中注意力，作业中严禁玩手机等与工作无关的事情 （2）密切关注计算机上各罐体的显示数据，稳步操作，操作完成一个罐的打料操作流程，才可以进行下一个操作	

续表

序号	作业活动/工作流程	主要操作步骤	存在的风险	风险等级分析					主要防控措施	备注
				后果	暴露	可能性	风险值	风险等级		
32	输料	操作计算机处理打料罐堵管故障	1. 操作失误或鼠标按键卡顿，用鼠标点动控制排风，间隔时间过长，瞬间排风量过大，易损坏排空阀密封件	50	1	1	50	四级	（1）进行排空操作前，操作人员活动下手指 （2）若鼠标按键卡顿不灵活，及时更换	
33	输料	操作计算机处理打料罐堵管故障	2. 未通知现场作业人员离开就进行排压操作，排出的风压对筛网上作业人员造成人身伤害	50	1	1	50	四级	严格按操作规程操作，通知并确认平台作业人员远离下料口（筛网）后，才能进行排风操作	
34	清理现场	打扫卫生	1. 清扫卫生时站姿不当、用力不当易发生扭伤	25	1	1	25	四级	使用清洁工器具时用力平顺，不易发力过猛	
35	清理现场	打扫卫生	2. 地面不平整或被脚下障碍物绊倒摔伤	25	1	1	25	四级	观察环境，稳步慢行，避开障碍物	

3.3.2 打料作业

打料作业的主要作业活动/工作流程：

①班前会；②作业前检查；③对接安装；④输料；⑤摘除；⑥清扫卫生；⑦清理现场。

打料作业安全风险辨识及防控措施见表3.11。

表 3.11　打料作业安全风险辨识及防控措施一览表

序号	作业活动/工作流程	主要操作步骤	存在的风险	风险等级分析					主要防控措施	备注
				后果	暴露	可能性	风险值	风险等级		
1	班前会	人员身体、精神状态确认	1. 身体、精神不佳者上岗作业	25	1	1	75	三级	（1）身体异常主动申报 （2）身体、精神不佳者不得上岗作业	
2			2. 人员酒后到岗、酒后上岗	50	1	1	50	四级	（1）身体异常主动申报 （2）班组长观察、询问，发现酒后上岗的安排其休息	
3		劳动保护用品穿戴检查确认	1. 劳动保护用品穿戴方法不当，穿戴不齐全，超期使用或穿用替代用品	50	1	0.5	25	四级	（1）员工应熟知劳动保护用品的使用、维护方法 （2）劳动保护用品使用年限到期后应及时更换 （3）劳动保护用品穿戴不正确、穿戴不齐全、穿戴替用品者严禁上岗作业	
4		确认当班作业内容	1. 当班人员不清楚当班作业内容	25	1	1	25	四级	班组长布置当班作业内容，作业人员确认作业内容	
5		辨识风险因素及防控措施	1. 作业人员未结合现场实际情况、作业流程进行风险辨识或辨识不全面	50	0.5	1	25	四级	进行相关固定风险辨识或其他临时性作业风险辨识，做好预防措施	
6			2. 作业人员不清楚所存在风险的防控措施	50	1	3	150	三级	班组长安全交底要全面到位，确保全员清楚各项风险的防控措施，在作业中可以正确辨识并规避风险，避免受到伤害	
7	作业前检查	作业区域安全检查	1. 上下罐车楼梯、平台楼梯未双手抓扶好扶手	50	0.5	1	25	四级	双手抓扶好扶手，稳步慢行	

续表

序号	作业活动/工作流程	主要操作步骤	存在的风险	风险等级分析					主要防控措施	备注
				后果	暴露	可能性	风险值	风险等级		
8	作业前检查	作业区域安全检查	2. 走动中未注意脚下管道等障碍物	25	1	1	25	四级	注意罐车作业区域环境，避开脚下管道等障碍物，稳步慢行	
9	作业前检查	作业区域安全检查	3. 罐体不平整，作业人员易滑倒	50	1	1	50	四级	行走在罐体专用通道上，稳步慢行，规范佩戴使用安全带	
10	作业前检查	作业区域安全检查	4. 高处作业防护不当	25	2	3	150	三级	（1）高处作业必须系挂安全带，且检查确认安全带系挂安全可靠 （2）在有护栏的平台上作业时检查确认护栏平台安全可靠	
11	对接安装	依次安装进风管、上料管，检查罐车人孔盖密封	1. 用力不当	50	1	1	50	四级	抓稳站好，调整好姿势，平顺发力，不蛮干	
12	对接安装	依次安装进风管、上料管，检查罐车人孔盖密封	2. 工器具未稳妥放置而滑落、高空抛物、抛递工器具	25	1	1	25	四级	工器具要放置在平稳位置上，防止掉落；严禁抛物；传递工器具手手相传，同时严格执行安全操作规程要求：上下作业人员不得在同一垂直作业面同时作业	
13	对接安装	依次安装进风管、上料管，检查罐车人孔盖密封	3. 罐体不平整	15	1	1	15	四级	在罐体上部通行平台上走动，作业中必须站在罐体上时，要站好抓稳并正确佩戴和使用安全带	
14	对接安装	依次安装进风管、上料管，检查罐车人孔盖密封	4. 进风管对接作业管体掉落	15	1	1	15	四级	下部作业人员作业中抓好扶牢管体，脚部不处于管体落点位置	
15	对接安装	依次安装进风管、上料管，检查罐车人孔盖密封	5. 上料管紧固螺丝时闪脱，人员向后跌倒、磕碰或高处坠落受伤	25	1	1	25	四级	一只手紧固，另一只手要抓牢管体把手，按要求佩戴和使用安全带	

续表

序号	作业活动/工作流程	主要操作步骤	存在的风险	风险等级分析					主要防控措施	备注
				后果	暴露	可能性	风险值	风险等级		
16	输料	依次开启助风管、进风管、上料管开始打料	1. 地面不平整，发力过猛	15	1	1	15	四级	（1）注意观察脚下环境，站稳抓牢 （2）平顺用力，缓慢线性开启各风阀	
17			2. 有货位送风管阀未关闭或未关闭到位，若此时送风管处于未与车厢体连接状态下受风，在风压作用下会剧烈飞舞摆动，造成风管损坏	50	1	0.5	25	四级	做好作业前安全检查，各项检查责任到人，每项作业负责人员完成作业后，向班长汇报进度和完成情况，班长总体协调指挥作业，确认安全后，再进行下一步作业流程	
18			3. 走动中被输送管线及固定支架绊倒、磕碰	50	1	1	50	四级	稳步慢行，注意躲避脚下、身旁障碍物	
19			4. 上下罐车楼梯、平台楼梯时双手未抓扶好扶手	25	1	1	25	四级	稳步慢行，上下打料平台、罐车时要双手抓扶好楼梯扶手	
20			5. 操作管路阀门顺序错乱	25	0.5	6	75	三级	（1）严格执行设备操作规程 （2）日常开展操作规程培训	
21			6. 风压过高，拉挂或敲击带料受压管道、罐体	50	1	3	150	四级	（1）严格监控管道、气罐压力，严禁超压；对压力表、安全阀进行年检 （2）严禁拉挂或敲击罐体	
22	摘除	依次拆卸进风管、上料管	1. 用力不当	25	1	1	25	四级	平顺用力，不宜发力过猛	
23			2. 工器具未放稳妥而滑落	15	1	1	15	四级	工器具要放置在平稳位置上，防止掉落；严禁抛物；传递工器具应手手相传，同时严格执行安全操作规程要求；上下作业人员不得在同一垂直作业面同时作业	

续表

序号	作业活动/工作流程	主要操作步骤	存在的风险	风险等级分析					主要防控措施	备注
				后果	暴露	可能性	风险值	风险等级		
24	摘除	依次拆卸进风管、上料管	3. 上下罐车楼梯、平台楼梯时双手未抓扶好扶手	50	1	0.5	25	四级	稳步慢行，上下打料平台、罐车时要双手抓扶好楼梯扶手	
25			4. 罐体未泄压就进行摘除作业，管道崩脱伤人	50	1	0.5	25	四级	必须先泄压再进行摘除作业，卸开第一道紧固螺丝时，要谨慎缓慢进行，再次确认有无压力	
26			5. 泄压方式错误	15	2	1	30	四级	严格执行泄压安全操作要求	
27	清扫卫生	清理现场卫生	1. 罐体表面不平或罐体有氧化铝物料时滑倒	15	1	1	15	四级	上下楼梯、走动稳步慢行，双手抓扶好扶手，走动、站立尽量在平整位置上	
28			2. 地面不平整或被脚下障碍物绊倒摔伤	25	1	1	25	四级	观察环境，稳步慢行，避开障碍物	
29			3. 清扫卫生时站姿不当、用力不当	25	1	1	25	四级	使用清洁工器具时用力平顺，不易发力过猛	
30	清理现场	确认车厢体连接管全部摘除复位	1. 上下楼梯、平台时双手未抓扶好扶手	15	1	1	15	四级	上下楼梯，双手抓扶好扶手，稳步慢行	
31			2. 走动中未注意脚下管道等障碍物	25	1	1	25	四级	观察现场环境，注意躲避脚下障碍物，稳步慢行	
32			3. 登车厢梯子未收回并固定牢，车厢体连接管件未摘除，机车拉空罐作业	15	1	1	15	四级	通知铁运中心机车排车作业前，由班组长进行全面安全检查，确认车厢体连接管全部摘除或复位(必须执行的步骤)	

3.3.3 氟盐车打料作业

氟盐车打料作业的主要作业活动/工作流程：

①作业前准备；②出车前检查；③氟盐车行驶；④氟盐车打料；⑤清洁、检查车辆；⑥收车。

氟盐车打料作业安全风险辨识及防控措施见表3.12。

表3.12 氟盐车打料作业安全风险辨识及防控措施一览表

序号	作业活动/工作流程	主要操作步骤	存在的风险	风险等级辨识					主要防控措施	备注
				后果	暴露	可能性	风险值	风险等级		
1	作业前准备	劳动保护用品确认	1. 劳动保护用品穿戴不规范	50	1	0.5	25	四级	（1）上岗前穿戴好劳动保护用品，工作服做到“三紧” （2）班前会由班长进行纠偏	
2			2. 个人劳动保护用品过期	50	1	1	50	四级	使用前检查劳动保护用品是否过期	
3		上岗要求确认	1. 无证上岗作业	100	1	1	100	三级	（1）经专业机构培训并取得相应资格证后方可上岗作业 （2）随身携带特种作业人员资格证 （3）定期培训、复审、检查	
4			2. 未经三级安全教育培训上岗作业	100	1	0.5	50	四级	按要求开展三级安全教育培训，离岗6个月以上的人员复岗前必须培训	
5		风险确认	1. 对作业活动风险不清楚	25	1	3	75	三级	（1）作业前进行风险辨识，制定并落实相应的防控措施 （2）随身携带口袋卡，对照内容进行手指口述安全确认	
6			2. 未参加班前会	50	1	1	50	四级	（1）上岗人员必须按时参加班前会 （2）未参加班前会人员由班长单独进行任务布置及安全交底	

续表

序号	作业活动/工作流程	主要操作步骤	存在的风险	风险等级辨识					主要防控措施	备注
				后果	暴露	可能性	风险值	风险等级		
7	作业前准备	风险确认	3. 对作业任务、存在风险、防控措施等不清楚	50	1	1	50	四级	班长布置任务时，必须严格对照口袋卡对作业任务中存在的风险进行手指口述，逐项提醒	
8			4. 未明确作业负责人及互联互保人员	50	0.5	1	25	四级	指定作业负责人，明确互联互保人员	
9	出车前检查	进、出现场	1. 作业区域路面湿滑	15	1	1	15	四级	及时清理地面积水、油污	
10		设备检查、清洁	1. 车辆启动、转向、制动、灯光、喇叭、声光报警装置、液压系统、传动系统、操作杆不灵敏或者失效	50	1	3	150	三级	严格执行车辆“三检”制度，检查出故障及时上报排除并做好记录，严禁带病车辆运行	
11			2. 冷却液、传动油、液压油、柴油不足	25	2	1	50	四级	严格执行车辆“三检”制度，及时加注各类油品，加满冷却液	
12			3. 灯光、制动、灯光、喇叭存在故障	25	1	3	75	三级	严格执行车辆“三检”制度，发现故障及时上报排除并做好记录，严禁车辆带病运行	
13			4. 车载灭火器失效	50	0.5	1	25	四级	每班检查，发现异常及时更换	
14			5. 检查车辆时未做好自身防护	25	2	1	50	四级	正确穿戴劳动保护用品，检查车辆时严禁用手代替工器具	
15			6. 上下车辆没有站稳抓牢	15	2	1	30	四级	上下车辆站稳抓牢，仔细观察周边情况，正确站位	

续表

序号	作业活动/工作流程	主要操作步骤	存在的风险	风险等级辨识					主要防控措施	备注
				后果	暴露	可能性	风险值	风险等级		
16	氟盐车行驶	驾驶车辆前往指定区域或回返	1. 未观察车辆周边环境就起步行车	50	1	1	50	四级	车辆起步前必须进行环车检查，进行安全确认；车辆起步前必须鸣笛、开启转向灯	
17			2. 不按规定路线行驶	15	1	1	15	四级	按指定的工艺路线行驶，特殊情况下进入非指定路线时需经审批许可	
18			3. 不按限速规定行驶	15	1	1	15	四级	严格执行区域限速规定	
19			4. 不系安全带	25	1	3	75	三级	驾驶车辆时按要求系好安全带	
20			5. 驾车时有吸烟、接打电话等行为	25	1	3	75	三级	车辆行驶时严禁有碍行车安全的行为，接打电话时必须将车辆停靠在安全区域	
21			6. 进出厂房或转弯时未减速、鸣笛、开启转向灯	25	1	1	25	四级	进出厂房时减速、鸣笛、开启转向灯	
22			7. 车辆行驶时将身体探出车外	15	1	3	45	四级	车辆行驶时严禁将身体探出车外	
23			8. 车辆行驶时急刹车、猛打转向盘、强超抢会、随意变道	50	1	3	150	三级	严禁猛打转向盘，严禁强超抢会，车辆变道时必须提前开启转向灯，加强观察，确认安全后方可变道	
24			9. 进入湿滑、松软场地	25	1	1	25	四级	进入湿滑路面稳驾慢行，严禁进入松软场地	
25			10. 光线不明、视线不清时冒险行车	50	1	1	50	四级	光线不明时需开启照明灯光，光线不明、视线不清时严禁行车	
26			11. 违章载人	50	1	1	50	四级	严禁车辆任何部位载人	

续表

序号	作业活动/工作流程	主要操作步骤	存在的风险	风险等级辨识					主要防控措施	备注
				后果	暴露	可能性	风险值	风险等级		
27	氟盐车行驶	驾驶车辆前往指定区域或回返	12. 下坡时空挡滑行	50	1	3	150	三级	任何情况下严禁车辆空挡滑行	
28			13. 车辆发生故障时未采取有效防护措施	25	1	1	25	四级	车辆发生故障时立即靠边停车并做好安全防护，人员离开车辆并站到安全区域，检修人员排除故障时，做好现场监护	
29	氟盐车打料	接料	1. 进入白料库厂房时未等升降门提升到位，行车就进入，顶部碰撞升降门	50	1	1	50	四级	等待升降门提升到位后再进入白料库厂房	
30			2. 倒车作业监护不到位	50	1	1	50	四级	倒车时设专人监护	
31			3. 行驶中发现人员未及时鸣笛提醒	15	1	1	15	四级	行驶中发现人员突然出现，应减速鸣笛，必要时停车避让	
32		打料	1. 与天车交叉作业时可能存在与天车碰撞的风险	50	1	1	50	三级	停车避让天车，跟出铝作业远离 3 个电解槽，跟提升母线作业不在同工区加料	
33			2. 停车打料未拉手刹	50	1	1	50	四级	单槽打料作业拉好手刹再进行打料作业	
34			3. 电解厂房内行走的员工与车辆发生碰撞	15	1	3	45	四级	车辆行驶前观察前方人员，行驶时鸣笛提醒注意	
35		过磅	1. 上下磅时会与其他人员或车辆等发生碰撞	15	1	3	45	四级	掉头转弯时进行安全确认，严禁驶入大货车盲区抢道行驶	
36			2. 上下磅时未等升降杆提升到位就行车，碰坏升降杆	50	1	1	50	四级	等待升降杆提升到限位后再行车上下磅	
37			3. 地磅上有其他人员逗留	50	1	1	50	四级	待人员离开后再开车上磅	

续表

序号	作业活动/工作流程	主要操作步骤	存在的风险	风险等级辨识					主要防控措施	备注
				后果	暴露	可能性	风险值	风险等级		
38	清洁、检查车辆	清洁车辆	1. 未在指定位置清洁车辆	50	1	1	50	四级	在指定位置清洁车辆，及时处理清洁车辆时产生的垃圾	
39			2. 上下车辆没有站稳抓牢	15	1	1	15	四级	上下车辆站稳抓牢，仔细观察周边情况，正确站位	
40		检查车辆	1. 收车前未检查车辆情况	5	1	1	5	四级	收车前应环车检视，确定无跑冒滴漏现象	
41	收车	停放到指定位置	1. 车辆乱停乱放	5	1	1	5	四级	按指定地点停放车辆，车辆发生故障时应停放在安全区域并做好安全防护	
42		停车确认	1. 货叉未完全落地	50	1	1	50	四级	停车时必须将货叉平稳落到地面	
43			2. 未关电源、拉手刹、拔钥匙、锁车门	50	1	1	50	四级	车辆停放到指定位置后，关闭电源、拉紧手刹、拔出钥匙、锁好车门	
44			3. 未清洁、紧固、润滑车辆	15	1	1	15	四级	收车后做好车辆清洁工作，紧固松动螺丝，进行润滑保养	
45		交接班	1. 交班时交接不清	5	1	1	5	四级	认真填写交接班记录，交班时面对面交接	

3.3.4 天车作业

天车作业的主要作业活动/工作流程：

①班前会；②作业前检查；③空载试车；④吊装；⑤堆垛；⑥收车。

天车作业安全风险辨识及防控措施见表3.13。

表 3.13 天车作业安全风险辨识及防控措施一览表

序号	作业活动/工作流程	主要操作步骤	存在的风险	风险等级分析					主要防控措施	备注
				后果	暴露	可能性	风险值	风险等级		
1	班前会	人员确认	1. 上岗人员应到未到	50	1	0.5	25	四级	(1) 班前会点名确认 (2) 填写原始考勤记录	
2			2. 上岗人员身体、精神状态不佳	50	2	1	100	三级	(1) 班前会时由班长对人员身体、精神状态进行检查 (2) 身体、精神状态不佳人员不得上岗作业	
3		劳动保护用品确认	1. 劳动保护用品穿戴不规范	50	1	0.5	25	四级	(1) 上岗前穿戴好劳动保护用品，工作服做到“三紧” (2) 班前会由班长进行纠偏	
4			2. 个人劳动保护用品过期	50	1	1	50	四级	使用前检查劳动保护用品是否过期	
5		风险确认	1. 对作业活动风险不清楚	25	1	3	75	三级	(1) 作业前进行风险辨识，制定并落实相应的防控措施 (2) 随身携带口袋卡，对照内容进行手指口述安全确认	
6			2. 未参加班前会	25	1	2	50	四级	(1) 上岗人员必须按时参加班前会 (2) 未参加班前会人员由班长单独进行任务布置及安全交底	
7			3. 对作业任务、存在风险、防控措施等不清楚	50	1	1	50	四级	班长布置任务时，必须严格对照口袋卡对作业任务中存在的风险进行手指口述，逐项提醒	
8			4. 未明确作业负责人及互联互保人员	100	0.5	0.5	25	四级	指定作业负责人，明确互联互保人员	

续表

序号	作业活动/工作流程	主要操作步骤	存在的风险	风险等级分析					主要防控措施	备注
				后果	暴露	可能性	风险值	风险等级		
9	作业前检查	对天车钢丝绳、吊具、各安全装置等进行点检	1. 上下楼梯双手未抓扶好扶手	50	1	1	50	四级	双手抓扶好扶手，稳步慢行	
10			2. 未注意脚下障碍物，被天车上部电机、管线等物件绊倒	25	1	1	25	四级	观察并躲避脚下障碍物，稳步慢行	
11			3. 作业区域隔离不到位	25	1	1	25	四级	吊装作业区域做好物理隔离	
12			4. 点检不到位，设备带病、带隐患工作	25	1	3	75	三级	按照天车点检要求，认真检查，发现问题及时上报排除并做好记录，严禁带病运行	
13			5. 登车后未锁闭楼梯隔离门，无关人员擅自进入	50	1	3	150	三级	天车工通过后，及时锁闭楼梯隔离门	
14			6. 未定期检测检验	15	2	1	30	四级	按时检测检验	
15	空载试车	开动天车，逐项对天车声光报警器、电铃、控制器、各限位、制动进行有效性试验确认	1. 试车作业前未确认环境安全，轨道上有检修人员，导致运动中的天车碰撞人员	100	1	3	300	二级	（1）开动天车前必须进行观察、瞭望，确认环境安全 （2）按照天车试车要求，认真对各限位、制动的有效性进行试验确认	
16			2. 轨道上障碍物被碰撞掉落，可能砸中下方人员或设备设施	50	1	0.1	5	四级	检查清理轨道上的障碍物	
17			3. 未试验各限位、制动的有效性，作业中限位、制动失效，天车失控	50	2	3	300	二级	进行空载试车	
18			4. 天车试车运行有异响或异常	15	1	1	15	四级	严禁带病运行，严禁班组人员擅自处理	

续表

序号	作业活动/工作流程	主要操作步骤	存在的风险	风险等级分析					主要防控措施	备注
				后果	暴露	可能性	风险值	风险等级		
19	吊装	落钩	1. 落钩前未打铃与下方人员沟通确认，直接落钩，落钩不稳摆动，落钩位置过于接近下方人员	50	1	1	50	四级	响铃提示，确认下方配合人员已接收作业提示	
20			2. 吊钩与下方人员碰撞接触时，可能发生下方人员本能反应躲避，动作过大，从车厢上部跌落	50	1	1	50	四级	确认下方人员保持安全站位，并注视天车落钩过程和吊钩位置变化	
21		作业前安全确认(负载制动检查)	1. 未执行作业前负载制动检查，吊运中制动失效溜钩，被吊运物品掉落	25	1	3	75	三级	每次作业的第一钩及起吊重量达到80%额定起重量时，试验制动性能，确认钩头垂直并与重心对正，吊起20 cm后停车观察，确认无异常，方可继续运行	
22			2. 超负荷吊运，制动失效，被吊运物品掉落	50	1	3	150	三级	严禁超负荷吊运	
23			3. 挂钩未挂牢靠	50	1	3	150	三级	检查确认挂钩系挂牢固	
24		起吊	1. 人员挂包未完成或即将完成就进行起吊，绷紧的包带、吊链可能夹伤当前挂包作业人员手部	50	1	1	50	四级	下方人员未发出起吊指令，严禁起吊	
25			2. 起吊后晃动的大包碰撞、挤伤车厢内未与被吊运物品保持安全距离的人员	50	1	1	50	四级	下方作业人员未离开1.5 m的安全距离，严禁起吊	

续表

序号	作业活动/工作流程	主要操作步骤	存在的风险	风险等级分析					主要防控措施	备注
				后果	暴露	可能性	风险值	风险等级		
26	吊装	起吊	3. 包带断裂发生坠包	25	1	3	75	三级	使用前检查包带，有破损严禁使用	
27			4. 指挥信号不明确或多人指挥，误操作	50	1	1	50	四级	指挥人员发出信号要明确，天车工接收信号确认安全后（做好呼唤应答），方能鸣铃操作，严禁多人指挥	
28		吊运	1. 未规划安全行进路线和躲避地面人员、设备，吊运过程中包带断裂或溜钩坠包	50	1	1	50	四级	时刻密切观察被吊运物品和周围环境，以及地面人员、车辆动态，合理规划吊运路线，主动躲避下方人员、车辆、设备，必要时停车	
29			2. 行车速度过快，经过吊运路线与地面通道交叉点或打料平台等遮挡视线处，未按规定长鸣提示铃，与突然侵入吊运路线的人员、车辆发生碰撞	50	1	3	150	三级	提高主动防御意识，低速行车，密切观察现场环境，经过视线不清处及路径交叉点时长鸣铃提示，必要时停车	
30			3. 吊车未试吊、吊车操作违反“十不吊”、吊车吊装旋转过程中伸臂	50	1	3	150	三级	（1）吊装作业时进行试吊 （2）严格执行吊装作业规程，遵守“十不吊” （3）吊车在吊装旋转过程中严禁伸臂	
31			4. 高速行车并用反车代替制动、限位代替停车，被吊运物品摆动、脱钩或包带断裂掉落	50	1	3	150	三级	严禁用反车代替制动、限位代替停车，慢行稳停	
32			5. 被吊运物品长时间悬停空中，可能发生被吊运物品掉落	50	1	0.5	25	四级	有情况中断吊运作业时，将被吊运物品落地等待	

续表

序号	作业活动/工作流程	主要操作步骤	存在的风险	风险等级分析					主要防控措施	备注
				后果	暴露	可能性	风险值	风险等级		
33	吊装	吊运	6. 空车运行时吊钩未升至安全高度，与下方打料平台护栏碰撞拉挂	25	1	1	25	四级	空车运行时严格按操作规程作业，吊钩升至距上限位 1.5 m 的安全高度	
34			7. 长时间连续作业，作业人员处于疲劳状态	25	1	3	75	三级	作业人员做好调节、调控，有疲劳感觉，下车活动休息 10~20 min，避免疲劳作业	
35		落吊	1. 地面人员未保持安全站位和安全距离，落吊过程中包带断裂坠包或溜钩坠包	25	1	3	75	三级	时刻密切观察被吊运物品和周围环境，确认无障碍物，地面人员保持安全距离和安全站位，平稳落吊	
36			2. 使用高速挡落吊，失控导致被吊运物品掉落	50	1	3	150	三级	使用低速挡，缓慢平稳落吊	
37	堆垛	吊运氧化铝大包至定置区完成堆垛	1. 氧化铝堆垛不规范，歪斜或超高，导致堆垛倒塌	25	1	3	75	三级	按梯形整齐堆放，逐层缩进，严禁堆垛超高，确保堆垛安全稳固	
38			2. 阳极炭块、阴极等堆垛不规范，歪斜或超高	25	2	1	50	四级	阳极炭块、阴极等堆垛要规范，严禁歪斜或超高	
39			3. 氧化铝堆垛中有料包破损漏料，导致堆垛局部塌陷或倒塌	50	1	1	50	四级	破损的氧化铝料包严禁进入堆垛，加强日常巡检，发现问题及时处理	

续表

序号	作业活动/工作流程	主要操作步骤	存在的风险	风险等级分析					主要防控措施	备注
				后果	暴露	可能性	风险值	风险等级		
40	收车	将天车停到指定位置	1. 未停到规定停车位置，天车工从其他不安全位置下车	50	1	1	50	四级	停到指定位置，通过楼梯下车	
41			2. 对操作天车的遥控器未上锁	15	1	1	15	四级	天车的遥控器必须上锁管理	
42			3. 人员下行速度过快	50	1	0.5	25	四级	双手抓扶好扶手，稳步慢行	
43			4. 未关闭电源	50	1	1	50	四级	停车后控制器全部置于零位，关闭电源	
44			5. 天车驾驶室门未锁，楼梯隔离门未锁	50	1	0.5	25	四级	下车前，及时锁闭天车驾驶室及楼梯隔离门	

3.3.5 吊装作业

吊装作业的主要作业活动/工作流程：

①作业前准备；②作业前检查；③吊装；④作业结束。

吊装作业安全风险辨识及防控措施见表3.14。

表3.14 吊装作业安全风险辨识及防控措施一览表

序号	作业活动/工作流程	主要操作步骤	存在的风险	风险等级分析					主要防控措施	备注
				后果	暴露	可能性	风险值	风险等级		
1	作业前准备	人员确认	1. 上岗人员应到未到	50	1	0.5	25	四级	(1) 班前会点名确认 (2) 填写原始考勤记录	
2			2. 上岗人员身体、精神状态不佳	25	1	3	75	三级	(1) 班前会时由班长对人员身体、精神状态进行检查 (2) 身体、精神状态不佳人员不得上岗作业	

续表

序号	作业活动/工作流程	主要操作步骤	存在的风险	风险等级分析					主要防控措施	备注
				后果	暴露	可能性	风险值	风险等级		
3	作业前准备	劳动保护用品确认	1. 劳动保护用品穿戴不规范	50	1	0.5	25	四级	（1）上岗前穿戴好劳动保护用品，工作服做到“三紧” （2）班前会由班长进行纠偏	
4			2. 个人劳动保护用品过期	50	1	1	50	四级	使用前检查劳动保护用品是否过期	
5		上岗要求确认	1. 无证上岗作业	100	1	1	100	三级	（1）经专业机构培训并取得相应资格证后方可上岗作业 （2）随身携带特种作业人员资格证 （3）定期培训、复审、检查	
6			2. 未经三级安全教育培训上岗作业	100	1	0.5	50	四级	按要求开展三级安全教育培训，离岗6个月以上的人员复岗前必须培训	
7		风险确认	1. 对作业活动风险不清楚	100	0.5	0.5	25	四级	（1）作业前进行风险辨识，制定并落实相应的防控措施 （2）随身携带口袋卡，对照内容进行手指口述安全确认	
8			2. 未参加班前会	25	1	2	50	四级	（1）上岗人员必须按时参加班前会 （2）未参加班前会人员由班长单独进行任务布置及安全交底	
9			3. 对作业任务、存在风险、防控措施等不清楚	50	1	1	50	四级	班长布置任务时，必须严格对照口袋卡对作业任务中存在的风险进行手指口述，逐项提醒	
10			4. 未明确作业负责人及互联互保人员	100	0.5	0.5	25	四级	指定作业负责人，明确互联互保人员	

续表

序号	作业活动/工作流程	主要操作步骤	存在的风险	风险等级分析					主要防控措施	备注
				后果	暴露	可能性	风险值	风险等级		
11	作业前检查	进、出现场	1. 作业区域路面湿滑	50	1	0.5	25	四级	及时清理地面积水、油污	
12	作业前检查	工器具检查	1. 钢绳断丝、吊钩开裂	25	1	3	75	三级	(1) 严格执行车辆“三检”制度 (2) 检查出故障及时上报排除并做好记录 (3) 严禁使用不符合要求的吊具	
13	作业前检查	工器具检查	2. 未进行常规的试吊	15	2	1	30	四级	吊装作业必须试吊	
14	吊装	上下车辆	1. 火车对位时未脱钩就上火车	50	3	0.5	75	三级	启动机车之前火车司机与调车员要确认是否有人作业	
15	吊装	上下车辆	2. 汽车司机启动汽车时，装卸人员没有停止作业	50	3	0.5	75	三级	汽车司机启动汽车时，装卸人员必须停止作业	
16	吊装	上下车辆	3. 在汽车未熄火、汽车司机未离开驾驶室前，爬上汽车装车和卸车	50	3	0.5	75	三级	装卸作业时司机必须离开驾驶室	
17	吊装	上下车辆	4. 没有抓好车厢梯子扶手	50	3	0.5	75	三级	上下车辆时手抓牢、抓稳	
18	吊装	铺火车垫布	1. 将车帮作为通道随意行走或铺火车垫布时不注意脚下，随意走动	50	3	0.5	75	三级	注意力集中，慢行、提脚	
19	吊装	挂钩	1. 挂钩时攀爬堆垛物	50	3	0.5	75	三级	严禁攀爬堆垛物	
20	吊装	挂钩	2. 不注意来往车辆	50	3	1	150	三级	注意观察，避让来往车辆	
21	吊装	挂钩	3. 挂钩时注意力不集中	25	3	0.5	37.5	四级	挂钩时要集中注意力，不能闲聊，不能做与工作无关的事	

续表

序号	作业活动/工作流程	主要操作步骤	存在的风险	风险等级分析					主要防控措施	备注
				后果	暴露	可能性	风险值	风险等级		
22	吊装	吊运货物	1. 指挥员手势不明确	50	3	1	150	三级	指挥员发出正确手势	
23			2. 与天车配合作业不当	50	3	1	150	三级	天车作业时要明确一人指挥，按指挥进行作业	
24			3. 在车上跳跃	25	3	0.5	37.5	四级	严禁在火车上、堆垛上跳跃	
25		卸吊	1. 装车、堆放时没有放稳导致被吊运物品倾倒	25	3	0.5	37.5	四级	天车工要按吊装工的手势进行操作，没有放稳前，要保持吊力，不能下钩	
26		盖篷布、网绳	1. 在盖好篷布网兜的车皮上行走时，脚被网绳绊倒	50	3	0.5	75	三级	行走时注意脚下	
27			2. 在边部拉篷布上绑绳时，绳子突然断裂	50	3	0.5	75	三级	（1）定期检查捆绑绳子 （2）站位要恰当，力度要合理	
28	作业结束	将工器具摆放到指定位置	1. 工器具乱摆乱放，未对工器具进行清点，工器具掉入轨道内	25	1	1	25	四级	（1）严格执行工器具领用制度 （2）作业结束后清点工器具	
29		交接班	1. 交班时交接不清	50	1	1	50	四级	（1）认真填写交接班记录 （2）交班时面对面交接	

3.3.6 发货作业

发货作业的主要作业活动/工作流程：

①作业前准备；②产品发运；③作业结束。

发货作业安全风险辨识及防控措施见表3.15。

表 3.15　发货作业安全风险辨识及防控措施一览表

<table>
<tr><th rowspan="2">序号</th><th rowspan="2">作业活动/工作流程</th><th rowspan="2">主要操作步骤</th><th rowspan="2">存在的风险</th><th colspan="5">风险等级分析</th><th rowspan="2">主要防控措施</th><th rowspan="2">备注</th></tr>
<tr><th>后果</th><th>暴露</th><th>可能性</th><th>风险值</th><th>风险等级</th></tr>
<tr><td>1</td><td rowspan="2">作业前准备</td><td>劳动保护用品确认</td><td>1. 女工未将长发盘入安全帽中</td><td>50</td><td>2</td><td>0.5</td><td>50</td><td>四级</td><td>将头发盘入安全帽中</td><td></td></tr>
<tr><td>2</td><td>人员确认</td><td>1. 上岗人员身体、精神状态不佳</td><td>50</td><td>1</td><td>1</td><td>50</td><td>四级</td><td>(1) 班前会时由班长对人员身体、精神状态进行检查
(2) 身体、精神状态不佳人员不得上岗作业</td><td></td></tr>
<tr><td>3</td><td rowspan="4">产品发运</td><td>核对提货人的详细信息</td><td>1. 核对提货人的详细信息不认真，导致货物错发、漏发</td><td>50</td><td>0.5</td><td>1</td><td>25</td><td>四级</td><td>(1) 对提货人员开展安全交底
(2) 做好监督检查
(3) 提货人员按规定驾驶车辆</td><td></td></tr>
<tr><td>4</td><td>对提货人员进行安全交底</td><td>1. 对提货人员交底不清，导致提货人员误入危险区域</td><td>50</td><td>0.5</td><td>1</td><td>25</td><td>四级</td><td>同上</td><td></td></tr>
<tr><td>5</td><td>现场监护</td><td>1. 装运产品现场无人监护</td><td>25</td><td>1</td><td>1</td><td>25</td><td>四级</td><td>装运产品必须现场设专人进行安全监护</td><td></td></tr>
<tr><td>6</td><td>进出现场</td><td>1. 进出现场未进行安全确认，导致车辆伤害</td><td>15</td><td>2</td><td>1</td><td>30</td><td>四级</td><td>进出现场必须进行安全确认</td><td></td></tr>
<tr><td>7</td><td rowspan="3">作业结束</td><td>开装车单</td><td>1. 装车单填写错误</td><td>1</td><td>2</td><td>0.5</td><td>1</td><td>四级</td><td>装车单开具后必须复核确认</td><td></td></tr>
<tr><td>8</td><td>关闭设备</td><td>1. 未断开电源导致设备被无关人员启动</td><td>50</td><td>1</td><td>1</td><td>50</td><td>四级</td><td>互联互保人员检查设备关停情况，确保设备关停、电源关闭</td><td></td></tr>
<tr><td>9</td><td>交接班</td><td>1. 交班时交接不清</td><td>50</td><td>1</td><td>1</td><td>50</td><td>四级</td><td>(1) 认真填写交接班记录
(2) 交班时面对面交接</td><td></td></tr>
</table>

3.4 检维修

检维修的主要任务是铁路机车、线路、道口、信号检维修及生产工艺车检维修，主要的作业有：铁路机车维修作业、铁路线路维修作业、铁路信号维修作业、工艺车检维修作业。经辨识，其岗位作业存在170项风险，其中辨识出一级风险0项、二级风险0项、三级风险34项、四级风险136项。

3.4.1 铁路机车维修作业

铁路机车维修作业的主要作业活动/工作流程：

①作业前准备；②机车故障排查；③机车检修；④作业结束。

铁路机车维修作业安全风险辨识及防控措施见表3.16。

表3.16 铁路机车检修作业安全风险辨识及防控措施一览表

序号	作业活动/工作流程	主要操作步骤	存在的风险	风险等级辨识					主要防控措施	备注
				后果	暴露	可能性	风险值	风险等级		
1	作业前准备	劳动保护用品确认	1. 劳动保护用品穿戴不规范	50	1	0.5	25	四级	（1）上岗前穿戴好劳动保护用品，工作服做到“三紧” （2）班前会由班长进行纠偏	
2			2. 个人劳动保护用品过期	50	1	1	50	四级	使用前检查个人劳动保护用品是否过期	
3		上岗要求确认	1. 无证上岗作业	100	0.5	0.5	25	四级	（1）经专业机构培训并取得相应资格证后方可上岗作业 （2）随身携带特种作业人员资格证 （3）定期培训、复审、检查	
4			2. 未经三级安全教育培训上岗作业	100	1	0.5	50	四级	按要求开展三级安全教育培训，离岗6个月以上的人员复岗前必须培训	
5		风险确认	1. 对作业活动风险不清楚	100	0.5	0.5	25	四级	（1）作业前进行风险辨识，制定并落实相应的防控措施 （2）随身携带口袋卡，对照内容进行手指口述安全确认	

续表

序号	作业活动/工作流程	主要操作步骤	存在的风险	风险等级辨识					主要防控措施	备注
				后果	暴露	可能性	风险值	风险等级		
6	作业前准备	风险确认	2. 未参加班前会	100	0.5	0.5	25	四级	(1) 上岗人员必须按时参加班前会 (2) 未参加班前会人员由班长单独进行任务布置及安全交底	
7			3. 对作业任务、存在风险、防控措施等不清楚	100	0.5	0.5	25	四级	班长布置任务时，必须严格对照口袋卡对作业任务中存在的风险进行手指口述，逐项提醒	
8			4. 未明确作业负责人及互联互保人员	100	0.5	0.5	25	四级	指定作业负责人，明确互联互保人员	
9		办理工作票	1. 工作票填写不规范或填写错误，可能因控制措施落实不到位导致事故发生	100	1	1	100	三级	工作票填写字迹清晰无涂改，规范填写工作票，明确作业人员、作业步骤、作业时间、工作票编号、作业区域和设备及工作内容，工作人员变更时及时填写，工作超时应办理工作票延期或重新办理工作票，其间暂停作业	
10			2. 特种作业及受限空间作业未办理相关工作票或未进行作业前检测准备	25	1	1	25	四级	动火及其他特种作业按要求办理工作票，受限空间作业办理受限空间工作票，受限空间作业前检测内部环境合格再进入	
11		准备工器具	1. 工器具不合格或有破损	50	1	1	50	四级	准备工器具时检查工器具是否合格，准备本作业合适的工器具，发现工器具有破损的及时更换	
12			2. 工器具不匹配	5	1	1	5	四级	准备合适的工器具，有不合适的及时更换	
13		现场监护	1. 监护人员未到现场	50	1	1	50	四级	确认监护人员到场再开始作业	

续表

序号	作业活动/工作流程	主要操作步骤	存在的风险	风险等级辨识					主要防控措施	备注
				后果	暴露	可能性	风险值	风险等级		
14	作业前准备	现场监护	2. 监护人员未认真监护	100	1	1	100	三级	监护人员必须具备相应的资质和技能 监护人必须严格按照工作票的要求确定监护措施落实到位	
15	作业前准备	现场监护	3. 监护人员变更时未做交接	5	1	1	5	四级	变更监护人员时严格执行相应制度并填好工作票	
16	作业前准备	在维修区域停车或现场临时检修	1. 车辆停放位置不当	50	1	0.5	25	四级	检修人员指挥司机将车辆停靠在指定位置	
17	作业前准备	在维修区域停车或现场临时检修	2. 车辆停放溜车	50	1	0.5	25	四级	停车放空挡、拉紧手刹，使用可靠的防溜车三角木垫好轮胎，防止溜车	
18	作业前准备	在维修区域停车或现场临时检修	3. 检修区域未做安全隔离	15	1	0.5	7.5	四级	检修区域使用隔离带或围栏做好安全隔离	
19	机车故障排查	检测故障	1. 检测故障时凭经验或直接用手	50	1	0.5	25	四级	检测故障必须使用专用工器具，旋转部位禁止用手触摸	
20	机车故障排查	检测故障	2. 进入机械间，未停机进行故障处理	5	1	1	5	四级	停机后，在机械间内进行故障处理，严禁运行中操作	
21	机车检修	架落车	1. 非操作人员操作架车台	100	1	0.5	50	四级	明确专人操作架车台，严禁非操作人员操作架车台	
22	机车检修	架落车	2. 架落车时，架车机未同步起落	100	1	0.5	50	四级	架落车时，应做好联系呼应，保持同步起落，倾斜高差不得超过 80 mm	

续表

序号	作业活动/工作流程	主要操作步骤	存在的风险	风险等级辨识					主要防控措施	备注
				后果	暴露	可能性	风险值	风险等级		
23	机车检修	架落车	3. 落车前，轮对不设防溜措施，车架上有杂物	50	1	0.5	25	四级	落车前，轮对打好止轮器，备好铁马，清除车架上的物品	
24			4. 架落车无专人指挥及进行安全监护	100	1	0.5	50	四级	架落车时应设专人指挥及进行安全监护	
25			5. 作业完毕，未切断架车机电源，易发生无关人员误操作	5	1	1	5	四级	作业完毕，切断架车机电源	
26		检修	1. 试验检测设备操作不当	50	1	0.5	25	四级	按照试验检测设备操作规程和安全技术规程操作	
27			2. 在机车上部作业时，物件放置不牢、抛接物品	50	1	0.5	25	四级	在机车上部作业时物件要放置牢靠，严禁空中抛物	
28			3. 单人搬运较重备件及物品	50	1	1	50	四级	严禁单人搬运较重配件，多人搬运，做好呼唤应答	
29			4. 在机车上部作业时不戴安全带，在机车下部作业时不戴安全帽	100	1	0.5	50	四级	穿戴好劳动保护用品，在机车上部作业时戴好安全带，在机车下部作业时戴好安全帽	
30			5. 不注意避让车辆、轮对	50	1	1	50	四级	对员工进行安全教育，在安全通道内行走	
31		吊运零部件	1. 多人指挥天车	50	1	0.5	25	四级	指定专人指挥天车	

续表

序号	作业活动/工作流程	主要操作步骤	存在的风险	风险等级辨识					主要防控措施	备注
				后果	暴露	可能性	风险值	风险等级		
32	机车检修	吊运零部件	2. 使用不合格的吊钩、吊具、绳索	100	1	0.5	50	四级	（1）要求作业人员学会对合格和不合格钢丝绳进行检查和判断 （2）要求每次作业前对钢丝绳、吊钩、吊具进行检查，严禁使用断丝超标、磨损腐蚀严重的钢丝绳	
33			3. 超负荷吊运物品	100	1	0.5	50	四级	严禁超负荷作业	
34			4. 被吊运物品捆绑不牢，歪拉斜吊	50	1	0.5	25	四级	被吊运物品捆绑牢固，找准起吊重心位置	
35			5. 被吊运物品上站人或堆放物品	100	1	0.5	50	四级	被吊运物品上严禁站人和堆放物品	
36			6. 被吊运物品下经过或停留	100	1	0.5	50	四级	（1）警示员工“在被吊运物品下经过或停留”存在的危险 （2）将“禁止在被吊运物品下经过或停留”作为禁令 （3）划定人员行走安全通道 （4）现场作业监护员纠正、制止该不安全行为	
37		工器具回收	1. 工器具缺失损坏	100	1	0.5	50	四级	回收工器具时清点工器具，如有遗漏及时寻回，发现工器具有破损及时备案，申报备件	
38			2. 工器具随意摆放	5	0.5	1	2.5	四级	工器具放入工具柜，按类别摆放整齐	
39		现场清理	1. 现场零部件、废件未回收或丢弃	50	1	1	50	四级	可回收使用的零部件全部回收，按类别存放在指定工具箱；废件按类别统一放在渣斗箱内，等待统一运输	
40			2. 现场油污未清理	5	1	1	5	四级	将现场滴落油污擦洗干净	
41			3. 现场卫生未打扫	50	1	1	50	四级	清扫作业现场卫生，做到“工完场清无遗落”	
42	作业结束	填写检修记录	1. 记录填写不规范或随意填写	5	1	1	5	四级	检修记录必须清晰明确，禁止随意省略或语焉不详	

3.4.2 铁路线路维修作业

铁路线路维修作业的主要作业活动/工作流程：

①作业前准备；②线路检修；③线路捣固；④作业结束。

铁路线路维修作业安全风险辨识及防控措施见表3.17。

表3.17 铁路线路维修作业安全风险辨识及防控措施一览表

序号	作业活动/工作流程	主要操作步骤	存在的风险	风险等级分析					主要防控措施	备注
				后果	暴露	可能性	风险值	风险等级		
1	作业前准备	班前检查	1. 穿不合格的劳保鞋，鞋子变形、弯曲、破损，导致摔倒、扭伤、砸伤	5	3	1	15	四级	(1) 作业前按要求佩戴好劳动保护用品 (2) 不合格的劳动保护用品不得使用 (3) 加强安全教育，提高员工安全防护意识	
2			2. 不穿反光背心等醒目的、有反光条的工作服上道作业	25	3	1	75	三级	(1) 作业前按要求佩戴好劳动保护用品 (2) 配发反光背心等醒目的、有反光条的工作服 (3) 加强安全教育，提高员工安全防护意识	
3			3. 不穿工装或穿着与工作不匹配的工装上岗作业，穿着化纤料等容易聚集静电的服装，会在易燃场所引发火灾	15	3	1	45	四级	(1) 作业前按要求佩戴好劳动保护用品 (2) 不合格的劳动保护用品不得使用 (3) 加强安全教育，提高员工安全防护意识	
4			4. 工作服的袖口、领口和下摆没有扣紧，可能导致绞伤等人身伤害	5	3	1	15	四级		

续表

序号	作业活动/工作流程	主要操作步骤	存在的风险	风险等级分析					主要防控措施	备注
				后果	暴露	可能性	风险值	风险等级		
5	作业前准备	班前检查	5. 不戴安全帽（或不系帽带，或戴不合格的安全帽），可能会被作业中的飞溅物或坠落物伤害头部	15	3	1	45	四级	（1）作业前按要求佩戴好劳动保护用品 （2）不合格的劳动保护用品不得使用 （3）加强安全教育，提高员工安全防护意识	
6	作业前准备	班前检查	6. 穿拖鞋、露趾凉鞋和高跟鞋可能导致摔倒和砸伤脚部	15	3	1	45	四级	同上	
7	作业前准备	班前检查	7. 酒后上岗，导致行为失控、操作失误	15	3	3	135	三级	（1）严禁酒后上岗 （2）结成安全网格化互联互保对子，相互监督提醒 （3）违反十条禁令将受重罚	
8	作业前准备	班前检查	8. 情绪不佳、失控导致操作失误	15	3	1	45	四级	（1）结成安全网格化互联互保对子，相互监督提醒 （2）有情绪不佳、疲劳上岗等情况的应离岗休息	
9	作业前准备	班前检查	9. 开工前未对使用的机具设备进行检查	25	1	1	25	四级	作业前必须检查确认所使用的机具安全可靠	
10	作业前准备	登记联系	1. 不联系登记或未获得作业许可就上道作业，可能导致机车车辆闯入作业现场	50	3	1	150	三级	（1）未登记联系好不作业 （2）佩戴对讲机与值班室保持联系 （3）设置防护警示标识	

续表

序号	作业活动/工作流程	主要操作步骤	存在的风险	风险等级分析					主要防控措施	备注
				后果	暴露	可能性	风险值	风险等级		
11	线路检修	准备工器具材料	1. 有侵入限界的材料设备，导致周边运转的机车车辆撞击侵入限界的设备材料和作业人员	50	3	1	150	三级	（1）登记并联系值班室，划定作业区域，未经确认不准车辆进入 （2）设备材料严格按限界要求存放	
12		作业防护	1. 在线路上作业不设防护、未设置作业防护标等，导致机车车辆闯入作业现场	50	3	1	150	三级	（1）登记并联系值班室，划定作业区域，未经确认不准车辆进入 （2）设置红牌防护 （3）设置防护员，配备对讲机，随时呼唤应答	
13			2. 作业人员侵入有车线，导致被来往的车辆碰撞	50	3	1	150	三级	划定作业区域，未经确认不准进入邻线	
14		松紧螺栓	1. 使用螺栓机时站位不稳，导致操作姿势不协调摔倒或扭伤	5	3	3	45	四级	（1）按操作规程规范作业要求 （2）互联互保人员监督提醒	
15			2. 坐在钢轨上卸、紧螺栓失手，导致身体前冲摔伤	5	3	3	45	四级	（1）规范作业动作标准 （2）进行维护检修作业时不要坐在钢轨上卸、紧螺栓 （3）严格按照操作规程进行作业	
16			3. 用手扭螺栓时用力过猛或姿势不协调，导致扭伤	5	3	1	15	四级	（1）规范作业动作标准 （2）进行维护检修作业时不要用爆发力拧螺栓 （3）严格按照操作规程进行作业	
17		更换钢轨	1. 撤换垫板、更换胶垫时手、脚伸入钢轨与轨枕之间，被落下的钢轨压伤	15	3	1	45	四级	（1）按作业标准进行作业 （2）互联互保人员监督提醒	

续表

序号	作业活动/工作流程	主要操作步骤	存在的风险	风险等级分析					主要防控措施	备注
				后果	暴露	可能性	风险值	风险等级		
18	线路检修	更换钢轨	2. 更换夹板时用手指伸入夹板孔内，可能会在夹板和钢轨错位时夹伤	5	3	1	15	四级	（1）按作业标准进行作业 （2）互联互保人员监督提醒	
19			3. 手脚伸入抬起的轨枕下面，在轨枕不慎掉落时砸伤手脚	15	3	1	45	四级	（1）按作业标准进行作业 （2）使用抬杠和绳索作业，与轨枕保持距离 （3）互联互保人员监督提醒	
20			4. 用撬棍翻钢轨时步调不一致，会被钢轨的反作用力反弹伤害	25	1	1	25	四级	（1）撬棍操作者需经培训合格且动作熟练后方可作业 （2）必须在撬棍的侧面作业 （3）撬棍前方和运动轨迹上严禁站人 （4）购置专用设备，代替手工作业	
21			5. 使用撬棍撬钢轨、轨枕、拨道时骑压或肩扛撬棍，当撬棍意外反弹时造成人身伤害	25	3	1	75	三级	（1）撬棍操作者需经培训合格且动作熟练后方可作业 （2）必须在撬棍的侧面作业 （3）撬棍前方和运动轨迹上严禁站人 （4）严禁骑压或肩扛撬棍 （5）购置专用设备，代替手工作业	
22		打磨钢轨	1. 打磨飞溅物和破裂的磨片会伤害使用者和周边作业人员	15	3	1	45	四级	（1）佩戴护目镜和安全帽 （2）使用前检查确认砂轮无缺损，安装牢固	
23			2. 切割、打磨、抛光、不戴防护眼镜可能会被打磨飞溅物和破裂的磨片伤害眼睛	15	3	1	45	四级	对不戴护目镜操作人员批评教育和给予经济处罚	

续表

序号	作业活动/工作流程	主要操作步骤	存在的风险	风险等级分析					主要防控措施	备注
				后果	暴露	可能性	风险值	风险等级		
24	线路捣固	现场清理	1. 螺栓未紧固到位导致列车脱轨	50	3	1	150	三级	（1）现场作业标准化 （2）作业负责人进行现场检查确认 （3）设置防护员专职防护提醒 （4）建立复检制度，指定一人专职复检现场	
25			2. 遗留在线路上的工器具和材料导致列车脱轨或飞溅伤人	50	3	1	150	三级	（1）现场作业标准化 （2）作业负责人进行现场检查确认 （3）设置防护员专职防护提醒 （4）建立复检制度，指定一人专职复检现场	
26		人工捣固	1. 实施人工捣固时，作业人员前后相隔少于3根轨枕，高举的捣镐会伤害运动轨迹内的人员	15	3	1	45	四级	（1）执行捣固作业时动作标准 （2）保持足够的作业距离 （3）互联互保人员监督提醒	
27			2. 两人在同一轨枕的道心内进行扒道砟作业，长杆的渣耙会捅伤靠近的人	15	3	1	45	四级	同上	
28			3. 多人作业距离不足会被捣镐、摇杆等长工具碰撞伤害	15	3	1	45	四级	同上	
29		捣固机上下道	1. 未连接好的走行架导致捣固机不平衡而倾倒或掉下轨道	15	3	3	135	三级	（1）上下道前确认走行架与轨道安装牢固，并用插销固定 （2）在走行架后方安装止溜装置	

续表

序号	作业活动/工作流程	主要操作步骤	存在的风险	风险等级分析					主要防控措施	备注
				后果	暴露	可能性	风险值	风险等级		
30	线路捣固	推行捣固机转运	1. 捣固机推行过快或用力不匀导致捣固机脱轨掉下轨道	5	3	3	45	四级	(1) 匀速运动 (2) 多人配合，专人监护	
31		机械捣固	1. 高速运转的部位无防护罩，危害进入的人员和设备	25	3	1	75	三级	(1) 停机后方可进入运转区域 (2) 对运转区域加装防护网 (3) 对危险区域进行隔离	
32			2. 零部件脱落飞溅，松动的螺栓和破裂的皮带会在急剧运动时飞出	5	3	3	45	四级	(1) 对运转区加装防护网 (2) 作业前检查紧固	
33			3. 操作失误导致设备损坏或操作者受伤	15	3	1	45	四级	操作者需经培训合格后方可上机	
34			4. 捣固机强烈的噪声会导致人员听力受损	15	3	3	135	三级	作业时佩戴耳塞	
35		检修捣固机	1. 修理捣固机未停机，高速运转的部位会危害进入的人员和设备	15	3	3	135	三级	严禁未停机修理捣固机，列入十条禁令负面清单	
36		捣固机加油	1. 加油时吸烟，可能会发生火灾或爆炸	25	3	1	75	三级	严禁加油时吸烟，列入十条禁令负面清单	
37		将工器具摆放到指定位置	1. 工器具乱摆乱放，未对工器具进行清点，工器具掉入轨道内，导致车辆设备脱轨	25	1	1	25	四级	(1) 严格执行工器具领用管理制度 (2) 作业结束后清点工器具	

续表

序号	作业活动/工作流程	主要操作步骤	存在的风险	风险等级分析					主要防控措施	备注
				后果	暴露	可能性	风险值	风险等级		
38	作业结束	人员确认	1. 在作业过程中人员受伤、昏迷、失联等情况未得到及时救治	25	1	1	25	四级	作业负责人根据实际情况在作业前、作业中、作业后清点人员，检查人员状态	
39		交接班	1. 未将作业中存在的风险交接清楚	50	1	1	50	四级	(1) 认真填写交接班记录 (2) 交班时面对面交接	

3.4.3 铁路信号维修作业

铁路信号维修作业的主要作业活动/工作流程：

①作业前准备；②信号维修作业；③作业结束；④其他。

铁路信号维修作业安全风险辨识及防控措施见表3.18。

表3.18 铁路信号维修作业安全风险辨识及防控措施一览表

序号	作业活动/工作流程	主要操作步骤	存在的风险	风险等级辨识					主要防控措施	备注
				后果	暴露	可能性	风险值	风险等级		
1	作业前准备	劳动保护用品确认	1. 劳动保护用品穿戴不规范	50	1	0.5	25	四级	(1) 上岗前穿戴好劳动保护用品，工作服做到“三紧” (2) 班前会由班长进行纠偏	
2		上岗要求确认	1. 无证上岗作业	100	0.5	0.5	25	四级	(1) 经专业机构培训并取得相应资格证后方可上岗作业 (2) 定期培训、复审、检查	

续表

序号	作业活动/工作流程	主要操作步骤	存在的风险	风险等级辨识					主要防控措施	备注
				后果	暴露	可能性	风险值	风险等级		
3	作业前准备	上岗要求确认	2. 未经三级安全教育培训上岗作业	100	1	0.5	50	四级	按要求开展三级安全教育培训，离岗6个月以上的人员复岗前必须培训	
4		风险确认	1. 对作业活动风险不清楚	100	0.5	0.5	25	四级	(1) 作业前进行风险辨识，制定并落实相应的防控措施 (2) 随身携带口袋卡，对照内容进行手指口述安全确认	
5			2. 未参加班前会	50	1	0.5	25	四级	(1) 上岗人员必须按时参加班前会 (2) 未参加班前会人员由班长单独进行任务布置及安全交底	
6			3. 对作业任务、存在风险、防控措施等不清楚	50	1	0.5	25	四级	班长布置任务时，必须严格对照口袋卡对作业任务中存在的风险进行手指口述，逐项提醒	
7			4. 未明确作业负责人及互联互保人员	50	1	1	50	四级	指定作业负责人，明确互联互保人员	
8	信号维修作业	机械室日常检修	1. 不关注微机室温度	25	2	3	150	三级	严格执行信号工岗位作业规范，定期对机房进行检查，严格控制机房室内温度	
9		信号设备故障处理	1. 在线路上行走不穿防护服	25	2	3	150	三级	上岗前穿戴好劳动保护用品，工作服做到“三紧”，严禁未穿防护服上道作业	
10		道岔检修	1. 将脚、手放于尖轨与基本轨之间	5	2	1	10	四级	严禁将手脚放在尖轨与基本轨之间，加强作业互联互保	

续表

序号	作业活动/工作流程	主要操作步骤	存在的风险	风险等级辨识					主要防控措施	备注
				后果	暴露	可能性	风险值	风险等级		
11	信号维修作业	轨道电路检修	1. 清扫工器具未加绝缘保护	5	3	1	15	四级	作业前要认真检查所使用的工器具，严禁使用不符合安全要求的工器具	
12		信号机检修	1. 清扫带电设备，使用工器具不当	5	2	1	10	四级	严禁使用不带绝缘性能的工器具清扫带电设备	
13		预警道口检修	1. 检修时不观察灯光、音响是否正常	5	2	3	30	四级	严格执行信号工岗位作业规范，检修道口及信号设备时，严禁“减化修”	
14		设备巡检	1. 不注意周围车辆动态	15	1	2	30	四级	注意周围车辆动态，做到“请回头、多瞭望”，加强互联互保	
15		道岔清扫	1. 互联互保执行不到位	15	3	0.5	22.5	四级	严格执行信号工岗位作业规范，加强作业互联互保，相互提醒	
16			2. 不注意脚下障碍物	5	3	1	15	四级	在线路上行走时，要注意周围车辆动态及脚下障碍物	
17		栏木机故障	1. 作业完毕后，不确认栏木机状态	5	3	1	15	四级	作业完毕，试验良好，栏木机位置状态正确，方可离去	
18		栏木机检修	1. 未按规定悬挂“禁止操作”标牌	5	3	1	15	四级	严格执行“挂牌上锁”制度，未悬挂标牌、标志禁止作业	
19	作业结束	交接班工器具回收	1. 物品摆放混乱，作业人员有被摔绊的可能	15	1	3	45	四级	整理工件，清扫工地，检查现场，消除隐患，做到“工完料净场地清”，方可离开现场	

续表

序号	作业活动/工作流程	主要操作步骤	存在的风险	风险等级辨识					主要防控措施	备注
				后果	暴露	可能性	风险值	风险等级		
20	作业结束	交接班工器具回收	2. 工器具缺失损坏	5	0.5	1	2.5	四级	回收工器具时清点工器具，如有遗漏及时寻回，发现工器具有破损及时备案，申报备件	
21			3. 工器具随意摆放	5	0.5	1	2.5	四级	工器具放入工具柜，按类别摆放整齐	
22		填写交接班记录	1. 记录填写不规范或随意填写	15	2	1	30	四级	检修记录必须清晰明确，禁止随意省略或记录不详	
23	其他	上下班途中	1. 不遵守交通规则	50	2	0.5	50	四级	遵守交通规则，注意行驶车辆，加强自我防范意识	
24			2. 通过道口未确认	50	2	0.5	50	四级	通过道口前进行观察确认	

3.4.4 工艺车检维修作业

工艺车检维修作业的主要作业活动/工作流程：

①作业前准备；②车辆故障排查；③车辆检修；④车辆验收；⑤作业结束。

工艺车检维修作业安全风险辨识及防控措施见表3.19。

表3.19 工艺车检维修作业安全风险辨识及防控措施一览表

序号	作业活动/工作流程	主要操作步骤	存在的风险	风险等级辨识					主要防控措施	备注
				后果	暴露	可能性	风险值	风险等级		
1	作业前准备	劳动保护用品确认	1. 劳动保护用品穿戴不规范	50	1	0.5	25	四级	（1）上岗前穿戴好劳动保护用品，工作服做到“三紧” （2）班前会由班长进行纠偏	
2			2. 个人劳动保护用品过期	50	1	1	50	四级	使用前检查劳动保护用品是否过期	

续表

序号	作业活动/工作流程	主要操作步骤	存在的风险	风险等级辨识					主要防控措施	备注
				后果	暴露	可能性	风险值	风险等级		
3	作业前准备	上岗要求确认	1. 特种作业人员无证上岗作业	25	1	3	75	三级	（1）经专业机构培训并取得相应资格证后方可上岗作业 （2）随身携带特种作业人员资格证 （3）定期培训、复审、检查	
4			2. 未经三级安全教育培训上岗作业	100	1	0.5	50	四级	按要求开展三级安全教育培训，离岗6个月以上的人员复岗前必须培训	
5		风险确认	1. 对作业活动风险不清楚	100	0.5	0.5	25	四级	（1）作业前进行风险辨识，制定并落实相应的防控措施 （2）随身携带口袋卡，对照内容进行手指口述安全确认	
6			2. 未参加班前会	25	1	1	25	四级	（1）上岗人员必须按时参加班前会 （2）未参加班前会人员由班长单独进行任务布置及安全交底	
7			3. 对作业任务、存在风险、防控措施等不清楚	50	1	1	50	四级	班长布置任务时，必须严格对照口袋卡对作业任务中存在的风险进行手指口述，逐项提醒	
8			4. 未明确作业负责人及互联互保人员	100	0.5	0.5	25	四级	指定作业负责人，明确互联互保人员	

续表

序号	作业活动/工作流程	主要操作步骤	存在的风险	风险等级辨识					主要防控措施	备注
				后果	暴露	可能性	风险值	风险等级		
9	作业前准备	办理工作票	1. 工作票填写不规范或填写错误	100	1	1	100	三级	工作票填写字迹清晰无涂改，规范填写工作票，明确作业人员、作业步骤、作业时间、工作票编号、作业区域和设备及工作内容，工作人员变更时及时填写，工作超时应办理工作票延期或重新办理工作票，其间暂停作业	
10			2. 特种作业及受限空间作业未办理相关工作票或未进行作业前检测准备	25	1	1	25	四级	动火及其他特种作业按要求办理工作票，受限空间作业办理受限空间工作票，受限空间作业前检测内部环境合格再进入	
11		准备工器具	1. 工器具不合格或有破损	50	1	1	50	四级	准备工器具时检查工器具是否合格，准备本作业合适的工器具，发现工器具有破损的及时更换	
12			2. 工器具不匹配	5	1	1	5	四级	准备合适的工器具，有不合适的及时更换	
13		至少两人作业	1. 监护人员未到现场	50	1	1	50	四级	确认监护人员到场后再开始作业	
14			2. 监护人员监护不当	100	1	1	100	三级	（1）监护人员必须具备相应的资质和技能 （2）监护人必须严格按照工作票的要求确定监护措施落实到位	
15			3. 监护人员变更时未做交接	5	1	1	5	四级	变更监护人员时严格执行相应的制度并填好工作票	

续表

序号	作业活动/工作流程	主要操作步骤	存在的风险	风险等级辨识					主要防控措施	备注
				后果	暴露	可能性	风险值	风险等级		
16	作业前准备	在维修区域停车或现场临时检修	1. 车辆停放位置不当	25	1	1	25	四级	检修人员指挥司机将车辆停靠在指定位置	
17			2. 车辆停放溜车	50	1	1	50	四级	停车放空挡、拉紧手刹，使用可靠溜车木垫好轮胎，防止溜车	
18			3. 检修区域未做安全隔离	15	1	0.5	7.5	四级	检修区域使用隔离带或围栏做好安全隔离	
19	车辆故障排查	检测故障	1. 检测故障时凭经验或直接用手	100	1	1	100	三级	（1）检测故障必须使用专用工器具，禁止用手触摸 （2）按照作业指导书的要求开展检维修作业 （3）严禁违反十条禁令的要求开展作业	
20			2. 未停机进行调整、维修及保养	5	1	1	5	四级	车辆调整、维修及保养时必须停机，严禁运行中操作	
21	车辆检修	维修发动机	1. 未使用专用工器具	15	1	1	15	四级	使用合适的专用工器具进行拆装	
22			2. 吊带破损导致吊装过程中被吊运物品掉落	100	1	1	100	三级	（1）使用吊带、钢绳前必须进行检查并填写检查记录 （2）如发现吊带断股破损，及时更换，禁止继续使用	
23			3. 吊装作业人员站位不当	100	1	0.5	50	四级	吊运过程中确保人员的站位在安全距离外	
24			4. 用其他工器具代替撬棍	50	1	1	50	四级	拨位、移动时必须使用撬棍，严禁用其他工器具	

续表

序号	作业活动/工作流程	主要操作步骤	存在的风险	风险等级辨识					主要防控措施	备注
				后果	暴露	可能性	风险值	风险等级		
25	车辆检修	维修发动机	5. 未使用专业清洗剂	5	1	1	5	四级	使用专用清洗剂进行清洗作业	
26		维修变速器	1. 未使用专用工器具	15	1	1	15	四级	使用合适的专用工器具进行拆装	
27			2. 吊带破损导致吊装过程中变速箱掉落	100	1	1	100	三级	如发现吊带断股破损，及时更换，禁止继续使用	
28			3. 吊装作业人员站位不当	100	1	1	100	三级	（1）吊装作业过程中，必须使用牵引绳（钩）进行牵引 （2）吊运过程中，吊装作业人员必须时刻注意，确保人员的站位在安全距离外	
29			4. 吊装时使用不合适的吊具导致变速箱掉落	100	1	0.5	50	四级	吊具大小合适，禁止使用过大或过小的吊具而导致脱钩滑脱	
30			4. 用其他工器具代替撬棍	50	1	1	50	四级	拨位、移动时必须使用撬棍，严禁用其他工器具	
31			5. 未使用专业清洗剂	5	1	1	5	四级	使用专用清洗剂进行清洗作业	
32		车辆底盘维修	1. 地面不平稳或不坚固	50	1	1	50	四级	选择坚固平稳的地面使用千斤顶	
33			2. 支垫重心不稳	100	1	1	100	三级	（1）支垫车辆时观察车辆重心，防止支垫重心不稳或偏离 （2）严禁使用千斤顶替代支撑垫木	
34			3. 支垫位置错误	25	1	1	25	四级	选择支垫正确的车辆底盘位置，防止损伤设备	

续表

序号	作业活动/工作流程	主要操作步骤	存在的风险	风险等级辨识					主要防控措施	备注
				后果	暴露	可能性	风险值	风险等级		
35	车辆检修	车辆底盘维修	4. 人员站位不当	50	1	1	50	四级	更换拆卸时互相保持安全站位	
36			5. 作业时蛮干	100	1	1	100	三级	（1）强化作业指导书、安全操作规程培训 （2）作业中禁止冒险蛮干	
37			6. 使用不匹配的工器具	50	1	1	50	四级	禁止使用不匹配的工器具强行作业	
38			7. 气瓶放置不当或距离过近	5	1	1	5	四级	切割前确认气瓶摆放间隔 5 m 以上，禁止违章摆放	
39			8. 切割时作业现场有其他易燃易爆物品	100	1	1	100	三级	（1）作业前清理现场杂物，防止发生火灾 （2）强化安全培训，提高作业人员的安全意识	
40			9. 焊接时周围有人员逗留	50	1	1	50	四级	焊接前提醒其他人员离开至安全距离	
41			10. 焊机焊线摆放乱可能绊倒人员	50	1	1	50	四级	正确理清和摆放焊机焊线，禁止与其他设备交叉	
42			11. 未做人员隔离	50	1	1	50	四级	车辆前后放置提醒锥桶、移动护栏或隔离带	
43		轮胎修补	1. 人员站位不当导致拆卸过程中钢圈崩出伤人	50	1	2	100	三级	拆卸前确认人员安全站位	
44			2. 拆卸时用其他工器具代替撬棍	50	1	1	50	四级	拆卸时使用撬棍	

续表

序号	作业活动/工作流程	主要操作步骤	存在的风险	风险等级辨识					主要防控措施	备注
				后果	暴露	可能性	风险值	风险等级		
45	车辆检修	轮胎修补	3. 修补胶不合格或未按说明使用导致充气时爆炸	25	1	3	75	三级	修补胶未过保质期、未干涸，按说明正确使用	
46			4. 钢圈安装不到位，充气时造成钢圈崩出伤人	50	1	2	100	三级	安装完后用锤子进行敲打确认	
47			5. 安装过程中钢圈未放稳导致砸伤人员	50	1	1	50	四级	轮胎放倒时人员远离	
48			6. 轮胎质量不好导致充气爆炸	50	1	1	50	四级	更换前检查轮胎是否正常	
49			7. 充气压力过大导致充气爆炸	50	2	1	100	三级	充气时将轮胎放入充气笼内作业，随时注意轮胎气压	
50		电器设备维修	1. 未做隔离或警示	15	1	1	15	四级	充点作业时做好隔离防护挂好标识牌	
51			2. 检修电器设备时未切断电源	100	1	1	100	三级	（1）检修前提醒其他人员远离检修区域 （2）带电检修时必须上锁挂牌，并办理电气票	
52			3. 检修时电线裸露或短路	5	1	1	5	四级	及时更换老化损坏的电线，线路清晰明确，禁止随意搭线	
53	车辆验收	试车验收	1. 车辆检修结束未试车	25	1	1	25	四级	车辆检修完毕必须进行试车，不得凭经验做事	
54			2. 非专业人员及无证试车	100	1	1	100	三级	（1）试车人员必须为指定人员并有特种作业操作证 （2）待修车辆必须拔下车钥匙并由专人负责保管	

续表

序号	作业活动/工作流程	主要操作步骤	存在的风险	风险等级辨识					主要防控措施	备注
				后果	暴露	可能性	风险值	风险等级		
55	作业结束	将车辆开至停车位	1. 无相应驾驶资格人员驾驶	25	1	0.5	12.5	四级	驾驶车辆应具备相应的特种车辆驾驶证，严禁无证人员驾驶车辆	
56		人员确认	1. 作业人员不齐或在现场逗留	5	1	1	5	四级	作业任务结束后清理现场，人员回到休息室休息	
57	作业结束	工器具回收	1. 工器具缺失损坏	100	1	0.5	50	四级	回收工器具时清点工器具，如有遗漏及时寻回，发现工器具有破损及时备案，申报备件	
58			2. 工器具随意摆放	5	0.5	1	2.5	四级	工器具放入工具柜，按类别摆放整齐	
59		现场清理	1. 现场零部件、废件未回收或丢弃	50	1	1	50	四级	可回收使用的零部件全部回收，按类别存放在指定工具箱；废件按类别统一放在渣斗箱内，等待统一运输	
60			2. 现场油污未清理	5	1	1	5	四级	将现场滴落油污擦洗干净	
61			3. 现场卫生未打扫	25	1	1	25	四级	清扫作业现场卫生，做到“工完场清无遗落”	
62		终结工作票	1. 作业现场负责人及场地负责人未签字	25	1	1	25	四级	作业负责人确认人员、工器具、现场全部合格后在工作票上签字；场地负责人确认作业完毕现场，确认全部合格后方可签字	
63			2. 作业结束时间填写错误或不规范	25	1	1	25	四级	作业完毕时作业负责人确认当前时间，如实填写工作票，按照工作票格式规范填写工作票结束时间	
64			3. 代签工作票	5	1	1	5	四级	严禁代签工作票，必须本人签字	
65		填写检修记录	1. 记录填写不规范或随意填写	5	1	1	5	四级	检修记录必须清晰明确，禁止随意省略或语焉不详	

附录A　岗位安全风险辨识方法及取值（SEP 法）

A.1　风险评估公式

风险值 =后果（S）×暴露（E）×可能性（P）

A.2　风险取值标准

A.2.1　后果

后果是指由于危害造成事故的最可能结果。后果取值表见表 A.1。

表 A.1　后果取值表

序号	后果的严重程度		分值
a	安全	造成死亡≥3 人；或重伤≥10 人；设备或财产损失≥1 000 万元	100
	健康	造成 3~9 例无法复原的严重职业病；造成 9 例以上很难治愈的职业病	
b	安全	造成 1~2 人死亡；或重伤 3~9 人；设备或财产损失在 100 万元到 1 000 万元之间	50
	健康	造成 1~2 例无法复原的严重职业病；造成 3~9 例以上很难治愈的职业病	
c	安全	造成重伤 1~2 人；设备或财产损失在 10 万元到 100 万元之间	25
	健康	造成 1~2 例难治愈的职业病或造成 3~9 例可治愈的职业病；造成 9 例以上与职业有关的疾病	
d	安全	造成轻伤 3 人以上；设备或财产损失在 1 万元到 10 万元之间	15
	健康	造成 1~2 例可治愈的职业病；造成 3~9 例与职业有关的疾病	
e	安全	造成轻伤 1~2 人；设备或财产损失在 1 000 元到 1 万元之间	5
	健康	造成 1~2 例与职业有关的疾病；造成 3~9 例有影响健康的事件	
f	安全	造成人员轻微的伤害（小的割伤、擦伤、撞伤）；设备或财产损失在 1 000 元以下	1
	健康	造成 1~2 例有健康影响的事件	

A.2.2 暴露

暴露是指危害引发最可能后果的事故序列中第一个意外事件发生的频率。暴露取值表见表 A.2。

表 A.2 暴露取值表

序号	引发事故序列的第一个意外事件发生的频率		分值
	安全、环境	职业健康	
a	持续（每天许多次）	暴露期大于 2 倍的法定极限值	10
b	经常（大概每天一次）	暴露期介于 1~2 倍法定极限值之间	6
c	有时（从每周一次到每月一次）	暴露期处于 1 倍 OEL 间	3
d	偶尔（从每月一次到每年一次）	暴露期介于允许水平和 OEL 之间	2
e	很少（据说曾经发生过）	暴露期在允许水平内	1
f	特别少（没有发生过，但有发生的可能性）	暴露期远小于允许水平	0.5

A.2.3 可能性

即一旦意外事件发生，随时间形成完整事故顺序并导致结果的可能性。可能性取值表见表 A.3。

表 A.3 可能性取值表

序号	事故序列发生的可能性		分值
	安全	职业健康	
a	如果危害事件发生，即产生最可能和预期的结果（100%）	频繁：平均每 6 个月发生 1 次	10
b	十分可能（50%）	持续：平均每 1 年发生 1 次	6
c	可能（25%）	经常：平均每 1~2 年发生 1 次	3
d	很小的可能性，据说曾经发生过	偶然：3~9 年发生 1 次	1
e	相当少但确有可能，多年没有发生过	很难：10~20 年发生 1 次	0.5
f	百万分之一的可能性，尽管暴露了许多年，但从来没有发生过	罕见：几乎从未发生过	0.1

A.2.4 风险等级

风险等级及措施表见表 A.4。

表 A.4 风险等级及措施表

序号	风险类别	风险等级	风险值	应对措施
1	特高的风险	一级	400 及以上	考虑放弃、停止
2	高风险	二级	200~<400	需要立即采取纠正措施
3	中等风险	三级	70~<200	需要采取措施进行纠正
4	低风险	四级	20~<70	需要进行关注
5	可接受的风险		20 以下	容忍

表格索引